职业教育 法律职业教育 精品系列教材

民事诉讼实训教程

霍改霞 主编

张华 副主编

 知识产权出版社

全国百佳图书出版单位

—北京—

图书在版编目（CIP）数据

民事诉讼实训教程/霍改霞主编. —北京：知识产权出版社，2022.6
ISBN 978-7-5130-8004-0

Ⅰ.①民… Ⅱ.①霍… Ⅲ.①民事诉讼法—中国—教材 Ⅳ.①D925.1

中国版本图书馆CIP数据核字(2021)第272619号

责任编辑：赵　军　　　　　　　　　责任校对：谷　洋
封面设计：纵横华文　　　　　　　　责任印制：孙婷婷

民事诉讼实训教程
主　编　霍改霞

出版发行：知识产权出版社有限责任公司	网　　址：http://www.ipph.cn
社　　址：北京市海淀区气象路50号院	邮　　编：100081
责编电话：010-82000860转8127	责编邮箱：zhaojun99668@126.com
发行电话：010-82000860转8101/8102	发行传真：010-82000893/82005070/82000270
印　　刷：北京虎彩文化传播有限公司	经　　销：新华书店、各大网上书店及相关专业书店
开　　本：787 mm×1092 mm　1/16	印　　张：13
版　　次：2022年6月第1版	印　　次：2022年6月第1次印刷
字　　数：240千字	定　　价：58.00元

ISBN 978-7-5130-8004-0

法律职业教育精品系列教材
编　委　会

总　主　编

许传玺

编委会成员

许传玺　北京政法职业学院院长、教授、博士生导师

曾健生　江西司法警官职业学院党委书记、院长、教授

田　亮　四川司法警官职业学院党委书记

吴　杰　海南政法职业学院院长、教授

闻　全　山东司法警官职业学院院长

严浩仁　浙江警官职业学院副院长、教授

刘莲花　河北政法职业学院副院长、教授

周善来　安徽司法警官职业学院副院长

编写说明

高职法律事务专业以服务社会为目标，重在培养具有基本专业知识和专业技能的法律人才。民事诉讼实训课程作为法律事务专业的核心课程，侧重培养学生应对处理民事诉讼各个环节的问题，以及正确处理法律主体之间关系的能力。本教材是河北政法职业学院与北京政法职业学院结对子的一项合作成果，是教师多年教学经验的总结，同时吸收实务部门的工作精华，具有较强的实践操作性。教材编写以司法为民为宗旨，不仅培养学生掌握基本、规范、系统的法律职业技能，同时也注重培养学生相应的理念和职业素养。

教材内容点面结合，既注重诉讼重要环节的专项实训，又着眼诉讼流程的总体把握，同时密切联系实际，结合学生特点，选取最新的案例，编写电子一体化教材。全书共分为四编：第一编为专项模拟实训，主要针对在实践中经常遇到，但传统的学生模拟开庭又常常忽略的环节进行专项实训。第二编为证据模拟实训，作为民事诉讼过程中最为重要的一项内容重点强化。第三编为程序模拟实训，包括一审、二审和非讼程序的模拟实训。第四编为综合模拟实训，针对不同的案例类型特点，结合前三编的内容进行实际指导。所有的文书样本均来自最高人民法院官网，加上作者对这些文书的制作或填写方法的解读，使本书具有较强的权威性和实用性。全书结构紧凑，可操作性强，能够为学生的民事诉讼实训提供较大的帮助。

本书由霍改霞任主编，张华任副主编。作者分工如下：

霍改霞（河北政法职业学院），撰写第一、八、九、十三章；

张　华（北京政法职业学院），撰写第三、四章；

刘永庭（河北政法职业学院），撰写第二、十四、十五章；

甄世辉（河北政法职业学院），撰写第五章第三节，第六、七、十二章；

黄　玥（河北政法职业学院），撰写第五章第一和二节，第十、十一章；

秦治国（河北省高级人民法院），撰写第十六章。

本书第一至九章由霍改霞统稿，第十至十六章由张华统稿。

感谢两个学院各级领导的支持与帮助。在民事诉讼实训相对缺乏配套教材的现状下，教材编写也是一种探索；尽管编写组力求尽善尽美，但限于自身能力，编写水平有限，错误之处仍然在所难免，敬请各位同仁批评指正。

编　者

2022 年 1 月

目 录

第四编 综合模拟实训

第一编
专项模拟实训

第一章　专项模拟实训

【本章学习目标】

知识目标

理解管辖权异议、财产保全、不予受理、驳回起诉等知识点，熟悉这些制度的具体流程，掌握与此相关的具体法律规定。

能力目标

能够按照教师要求完成每个项目的模拟流程，制作相关法律文书。

素质目标

通过各个板块的模拟实践深化理论教学，培养严谨、公正和效率的品格。

第一节　管辖权异议的模拟实训

实训目的

掌握管辖权异议案件的全部流程，深刻理解管辖权异议的相关法律规定。学会制作管辖权异议申请书、管辖权异议裁定书。

实训方式

小组讨论、情境创设、文书制作。

基本知识指引

按照《中华人民共和国民事诉讼法》（以下简称《民事诉讼法》）的规定，原告起诉、人民法院受理后，被告有权对人民法院的管辖权提出异议。管辖权异议应以书面形式提出，因此被告应向人民法院递交申请。人民法院对被告提出的管辖权异议申请应进行审查。经审查，认为异议成立的，人民法院应作出书面裁定，将案件移送有管辖权的人民法院审理；认为异议不成立的，也应作出裁定予以驳回。对于人民法院作出的管辖权异议裁定不服的，当事人可提出上诉。

如果当事人是针对级别管辖提出的管辖权异议，如异议成立，人民法院应将案件进行移送，但不作裁定。

实训案例

家住北京市昌平区的林某从某网络购物平台购买女装一件，因存在质量问题与平台协商退货，但该平台迟迟不作回应，因此将其起诉至北京市昌平区人民法院。被告认为，原告在注册该购物网站会员时，已经签订了服务协议，协议中关于管辖的条款约定为："您与本平台均应当严格履行本协议及其补充协议所约定的各项义务，如发生争议或者纠纷，双方可以友好协商解决；协商不成的，任何一方均可提请本协议签订地广州市荔湾区人民法院以诉讼方式解决。"（该条款作了加黑处理）。因此北京市昌平区人民法院对本案没有管辖权，因而提出管辖权异议。

实训任务

（1）各小组长带领组员对案情充分讨论，认真学习管辖的相关知识，特别是对以格式条款约定协议管辖、以信息网络形式订立买卖合同纠纷如何确定管辖法院的相关规定要理解透彻。

（2）每个小组分为被告组和审判组，被告组的同学讨论确定本案提出管辖权异议的理由，每人制作一份管辖权异议申请书；审判组的同学讨论确定本案的管辖权，审查被告提出的管辖权异议，每人制作一份管辖权异议民事裁定书、案件移送函。

实训文书

（1）管辖权异议申请书。该文书没有严格的格式要求，一般包括标题、正文和尾部三个部分，正文是其主要内容。正文首先写明申请人的基本情况，再另起一段写因哪起案件提出管辖权异议。其次另起一段写申请事项，请求人民法院将案件移送至哪一个人民法院审理。再次写明申请移送的理由，可分段落说明该人民法院为何没有管辖权，受移送法院因何取得案件的管辖权，然后总结概括该院没有管辖权，恳请进行移送。最后写明受理申请的法院，分两行表述，第一行前面空两格写"此致"，第二行顶格写人民法院的全称。落款是申请人的姓名或名称、申请时间。写申请书时应注意用词准确，对法院尽量使用尊称，陈述理由应结合案件事实和法律规定，做到有理有据。

（2）管辖权异议裁定书。制作该文书时应注意：①当事人提出案件管辖权异议，异议不成立的，由提出异议的当事人交纳案件受理费；异议成立的，当事人均不交纳案件受理费。②当事人在中华人民共和国领域内没有住所的，尾部上诉期改为三十日。③适用合议制的，落款中的"审判员"可以为"代理审判员"或者"人民陪审员"。适用独任制的，落款中的署名为"审判员"或者"代理审判员"。④审判长、审判员每个字之间空两个汉字空格。审判长、审判员与姓名之间空三个汉字空格，姓名之后空两个汉字空格至行末端。人民法院制作的裁判文书，落款中审判组织及书记员的写法全部遵照此规定，下文不再赘述。具体样式见右侧二维码。

（3）案件移送函。人民法院裁定将案件进行移送的，应向受移送人民法院出具案件移送函，同时将有关材料、证据作为附件一并移送。案件移送函的具体样式见右侧二维码。

第二节　财产保全的模拟实训

实训目的

掌握财产保全的程序，理解财产保全的相关法律规定，通过实际操作体会财产保全对于当事人的重要意义，掌握采取相应财产保全措施。

实训方式

小组讨论、流程模拟。

基本知识指引

财产保全是民事诉讼法规定的保全的一种，是当事人维护自身权益，实现诉讼目的的一项保障制度。诉前财产保全须由利害关系人提出申请，诉讼财产保全除当事人提出申请外，人民法院也可依职权采取保全措施。民事诉讼法规定的财产保全措施有查封、扣押、冻结、限制债务人支取到期应得的收益、责令被申请人提供担保、扣留、提取被申请人的劳动收入，对于季节性商品、鲜活、易腐烂变质以及其他不宜长期保存的物品采取保全措施时，可以责令当事人及时处理，由人民法院保存价款，必要时，由人民法院予以变卖，保存价款。

当事人申请财产保全应当提供保全财产的线索。

实训案例

2017 年 6 月 12 日，李某与崔某签订借款合同。合同约定，李某向崔某借款 10 万元，借款期限为一年，利息为每月 2%，每月支付一次。合同签订后，崔某即如数将款项汇入李某账户。6 个月后，李某不再按照约定支付利息。崔某经打听得知，李某不仅向自己借款，还同时向多人借款多达 200 万元。李某将所借款项全部投资于某公司，现该公司经营状况恶化，濒临破产。崔某随即向人民法院起诉，请求李某返还借款并支付利息。同时崔某还查明，现李某名下有房产一套、帕萨特牌轿车一辆、某小区地下车位一个。

实训任务

1. 各小组经过充分讨论，分别绘制诉前财产保全及诉讼财产保全流程图。

2. 根据本案例的具体情况，各小组分为两组：一组作为当事人制作财产保全申请书；另一组作为人民法院确定应采取的保全措施，并制作财产保全裁定书及执行文书。

实训文书

1. 财产保全申请书。此申请书由利害关系人或当事人根据案件实际情况向人民法院递交，内容较为简单，格式亦不固定。一般第一部分应写明申请人的包括姓名、性别或名称、住所等基本情况，另起一段写被申请人的基本情况。第二部分为请求事项，应写明请求人民法院对被申请人的哪些财产采取保全措施，并写明财产的位置、数量、金额等。第三部分为事实与理由，写明什么时间人民法院已经受理该起案件，为了达到何种目的申请财产保全，没有必要对案情进行长篇大论，注意简单扼要。如是诉前财产保全，此部分则应写明申请人提供何样担保。第四部分写明受申请的法院、申请人的姓名或名称、申请时间。

2.财产保全裁定书。对于财产保全，人民法院应以裁定形式作出，因为财产保全的种类不同，文书的具体内容也不同。诉前财产保全裁定书的案号中案件类型为"财保"，因其是由利害关系人申请的，因此应列明申请人和被申请人的基本情况，同时在正文末还应告知申请人应在30日内起诉以及不起诉的后果。诉讼财产保全裁定书案号与诉讼案件一致，正文中应列明当事人的基本情况。两种裁定书的具体样式见右侧二维码。

人民法院裁定采取保全措施的，应根据不同的措施制定不同的执行文书。本案中应向房管部门、车管部门、小区开发商、物业等部门发协助执行通知书，限制房屋、车辆和车位的交易。

第三节　不予受理、驳回起诉的模拟实训

实训目的

通过实训掌握民事诉讼法中规定的不予受理、驳回起诉的情形，并能指导实践；作为立案庭人员懂得如何审查起诉，学会制作不予受理和驳回起诉裁定书。

实训方式

小组讨论、情境创设、文书制作。

基本知识指引

人民法院经过对原告起诉状的审查，认为原告的起诉不符合民事诉讼法规定的起诉条件，从而由立案庭裁定不予受理。具体来说，人民法院不予受理的情形包括：（1）起诉状列写被告信息不足以认定明确的被告的，原告补正后仍不能确定明确的被告的；（2）依照行政诉讼法的规定，属于行政诉讼受案范围的；（3）依照法律规定，双方当事人达成书面仲裁协议申请仲裁，不得向人民法院起诉的；（4）依照法律规定，该争议应当由有关机关处理的；（5）不属于本院管辖，原告坚持起诉的；（6）对判决、裁定、调解书已发生法律效力的案件，当事人又起诉的，准许撤诉的裁定除外；（7）按照法律规定，在一定期限内不得起诉的案件，在不得起诉的期限内起诉的；（8）判决不准离婚和调解和好的离婚案件，判决、调解维持收养关

系的案件，没有新情况、新理由，原告在 6 个月内又起诉的；（9）原告撤诉和按撤诉处理的离婚案件，没有新情况、新理由，原告在 6 个月内又起诉的。

驳回起诉裁定同样适用于上述情形，只不过是在案件已经受理后，由审判庭作出。

对于人民法院作出的不予受理、驳回起诉裁定不服的，当事人可提出上诉，还可以申请人民法院再审。

实训任务

1. 各小组根据不予受理和驳回起诉的情形，选取其中一种或者几种自编案例，组长分配具体任务，每组以法律小品或者法制情景剧的形式展示说明人民法院因何不予受理，因何驳回起诉。

2. 每组根据自编案例制作不予受理裁定书或者驳回起诉裁定书。

实训文书

不予受理与驳回起诉均以裁定形式作出，不同的是不予受理是针对原告的起诉作出，因此文书中当事人基本情况不涉及被告，而驳回起诉裁定书原被告的基本情况均须列明。按照诉讼费用收费办法的规定，不予受理和驳回起诉的案件均不交纳案件受理费，但是人民法院作出驳回起诉裁定时，当事人已经预交案件受理费，因此，驳回起诉裁定中应写明诉讼费用的负担。两种文书的具体样式见右侧二维码。

需要注意的是，不予受理和驳回起诉的裁定生效后，当事人对同一事实再次起诉的，只要符合起诉条件，人民法院应当受理，案件的案号重新编排。

第四节　迳行裁判的模拟实训

实训目的

通过实训理解迳行裁判是二审人民法院审理案件的一种方式，掌握迳行裁判适用的情形以及相应的流程。

实训方式

小组讨论、情景模拟、文书制作。

基本知识指引

二审人民法院经过阅卷、调查和询问当事人，对没有提出新的事实、证据或理由不需要开庭审理的案件，可以迳行裁判。迳行裁判只能在特定的条件下进行，仅是简化开庭审理的程序，审判人员必须与当事人接触，进行调查和询问。

迳行裁判适用的情形包括：（1）一审就不予受理、驳回起诉、管辖权异议作出裁定，当事人上诉的案件；（2）上诉请求明显不能成立的案件；（3）原审裁判认定事实清楚，但适用法律错误的案件；（4）原判决严重违反法定程序，需要发回重审的案件。

实训任务

1. 组长带领本组成员学习迳行裁判的相关知识，各组绘制出迳行裁判的流程图。
2. 每组自编或自选案例，通过角色扮演展示迳行裁判的过程。
3. 每组根据自编或自选案例制作迳行裁判的相关文书。

实训文书

迳行裁判的法律文书包括民事判决书和民事裁定书，根据迳行裁判适用的四种情形，第一种情形下二审人民法院仍制作民事裁定书，具体制作方法见本书第七章

第三节，第二、第三种情形下一般制作民事判决书；第二种判决驳回上诉，维持原判；第三种可直接改判，具体制作方法见本书第七章第三节；第四种情形下人民法院需制作发回重审民事裁定书，该裁定书制作时不写当事人起诉情况以及二审认定事实情况，而是全面阐述发回重审的理由，不再另附函。具体样式见右侧二维码。

第五节　当事人申请再审的模拟实训

实训目的

通过实训强化当事人申请再审的理论知识，掌握当事人申请再审的流程，学会制作再审申请书。

实训方式

分组模拟、文书制作。

基本知识指引

当事人对已经发生法律效力的判决、裁定认为确有错误，民事调解书违反自愿和合法原则的，可以向人民法院申请再审。当事人申请再审的期限为6个月，自判决、裁定发生法律效力之日起算，如有新的证据足以推翻原判决、裁定，原判决、裁定认定事实的主要证据未经质证，据此作出原判决、裁定的法律文书被撤销或者变更以及审判人员审理该案件时有贪污受贿、徇私舞弊、枉法裁判行为的，自知道或者应当知道之日起算。

当事人可以向上一级人民法院申请再审，当事人一方人数众多或当事人双方为公民的案件，也可以向原审人民法院申请再审。

人民法院应自收到再审申请书之日起5日内将再审申请书副本发送对方当事人，在3个月内审查，并作出裁定。

实训案例

2018 年 5 月 4 日，张某因房屋典当纠纷，被某典当公司起诉至某区人民法院。典当公司诉称：被告委托周某将其使用房屋作为抵押物，向典当公司借款 15 万元，双方签署了典当协议。还款期到期后，被告既不赎当，也不续当，逾期 10 日，抵押房屋应为绝当，典当公司请求人民法院确认其有权处分绝当房屋。原告提供的授权委托书经公证处公证。张某辩称：从未委托他人典当过这套房屋用来抵押贷款，原告提供的周某授权委托书也非本人签署。人民法院经审理查明，周某系张某前夫，周某与典当公司签署抵押贷款合同时持有市公证处公证的授权委托书，合同合法有效，于 9 月 16 日判决原告胜诉。张某不服，向某市中级人民法院提起上诉，二审人民法院经审理，于 2018 年 12 月 1 日作出驳回上诉、维持原判的终审判决。2019 年 3 月 7 日，张某向公证处所在地人民法院提起诉讼，请求撤销公证处作出的授权委托书的公证书。人民法院经审理，认定公证书有错误，于 2019 年 5 月 9 日作出判决，撤销关于该授权委托书公证书。

实训任务

1. 组长组织本组成员系统学习当事人申请再审的相关知识，绘制当事人申请再审的流程图，并写出当事人及人民法院应做的具体工作。确定本案例中当事人是否可以申请再审，应于什么时间向哪一级人民法院提出申请。

2. 将本组成员分为两组：一组根据本案例制作再审申请书；一组对当事人的再审申请书进行审查，并制作相应的民事裁定书。

实训文书

1. 再审申请书。当事人递交再审申请书的目的是希望人民法院撤销原判决、裁定或调解书，对案件进行再审，其格式与民事起诉状大同小异。第一部分为再审申请人与被申请人的基本情况，除列明基本情况外，还应在姓名或名称后面加括号注明其在一审和二审中的诉讼地位。之后另起一段写申请人对哪个人民法院所作的第几号判决、裁定或调解书不服，提出再审，请求人民法院受理。第二部分为请求事项，一般分项列明，包括请求人民法院撤销哪些原裁判，实现自身哪些诉讼请求等。第三部分为事实和理由，写明原判决或裁定具备民事诉讼法规定的当事人申请再审的哪种事由。最后另起一段综合概括事实与理由以及诉讼请求。第四部分写明被申请的人民法院、申请人和申请的日期。

2. 再审裁定书。当事人申请再审的，人民法院或者裁定再审，或者裁定驳回申请。制作该文书应注意：（1）此裁定书是针对当事人申请再审进行审查后作出的，文书的案号类型代字为"民申"。（2）裁定由上级人民法院提审的，裁定提审的理由，只写明申请符合《民事诉讼法》第 207 条第 × 项规定的情形即可，无需阐述具体理由。（3）裁定再审的，应指明由哪个人民法院对该案件进行再审，以及原判决、裁定、调解书是否停止执行。若再审案件为追索赡养费、扶养费、抚育费、抚恤金、医疗费用、劳动报酬等案件，人民法院经审查认为可以不中止执行的，则表述为：再审期间，不中止原判决 / 原裁定 / 原调解书的执行。原生效裁判没有实际执行内容的，如"驳回起诉""驳回诉讼请求"等，只裁定由哪个人民法院再审或提审，原裁判的执行问题不予表述。（4）当事人双方申请再审，一方主张的再审事由成立，另一方主张的再审事由不成立的，裁定书仅写明一方的再审申请符合《民事诉讼法》第 207 条第 × 项规定的情形。经审查，另一方再审申请不成立的，不再予以评述。（5）原审其他当事人也提交意见的，可以在被申请人意见后予以表述，未提交意见的则不在裁定中表述。（6）裁定驳回申请的，应写明理由。再审裁定书的具体样式见右侧二维码。

第六节　人民检察院抗诉的模拟实训

实训目的

通过实训深化人民检察院抗诉的相关理论知识，了解人民检察院抗诉的情形，掌握人民检察院抗诉的流程，学会制作民事抗诉书。

实训方式

分组讨论、绘制流程、文书制作。

基本知识指引

人民检察院对人民法院所作的生效的判决、裁定认为确有错误，或者民事调解书有损害国家利益、社会公共利益的，可以提出抗诉。当事人也可以向人民检察院提出申请，请求抗诉。人民检察院应对案件进行调查，并充分询问当事人。

最高人民检察院对地方各级人民法院已经发生法律效力的判决、裁定，发现需要按照审判监督程序提出抗诉的，既可以向最高人民法院提出，也可以委托作出生效裁判的人民法院的上级人民检察院向其同级人民法院提出。最高人民检察院对最高人民法院已经发生法律效力的判决、裁定，发现需要按照审判监督程序提出抗诉的，应当由最高人民检察院直接向最高人民法院提出。

上级人民检察院对下级人民法院发生法律效力的判决、裁定，发现需要按照审判监督程序提出抗诉的，应当向自己的同级人民法院提出。

地方各级人民检察院对同级人民法院已经发生法律效力的判决、裁定，发现需要按照审判监督程序提出抗诉的，只能提请上级人民检察院向其同级人民法院提出。

对于民事调解书的抗诉程序也是如此。当事人申请人民检察院抗诉的，应将原审生效的判决、裁定或调解书，以及相关的证据材料附后。人民检察院直接抗诉的，应将调查的卷宗及相应证据材料附后。

对于人民检察院提出的抗诉，人民法院应当在法定期间内裁定再审。

实训案例

某饮料厂因与某制罐厂的饮料罐加工合同纠纷诉至某区人民法院，请求人民法院认定制罐厂加工物质量不合格，要求退货并赔偿损失。某区法院经审理认为加工物质量合格，作出判决驳回原告的诉讼请求。饮料厂不服，向中级人民法院提起上诉。中级人民法院经过审理，作出判决驳回上诉，维持原判。饮料厂仍然坚持判决错误，认为原判决认定的基本事实缺乏证据证明，并且提供了新证据，向人民法院提出再审申请，但被人民法院裁定驳回。于是饮料厂向省人民检察院请求抗诉。省人民检察院经过审查，认为原判决认定的基本事实缺乏证据证明，遂作出抗诉书，向省高级人民法院提起抗诉。省高级人民法院指令中级人民法院再审。

实训任务

1. 组长带领本组成员系统学习人民检察院抗诉的理论知识，列举出因抗诉主体不同而出现的三种不同的抗诉程序，绘制出人民检察院抗诉的流程图。

2. 分析讨论本案例，确定本案例中有权提出抗诉的人民检察院，以及应接受抗诉的人民法院。

3. 将本组成员分为两组：一组作为当事人制作抗诉申请书，一组作为人民检察院制作民事抗诉书。

实训文书

1. 抗诉申请书。对于人民法院作出的已经生效的民事判决、裁定和调解书，当事人向人民法院申请再审被驳回、人民法院逾期未对再审申请作出裁定或者再审判决、裁定仍有错误的，当事人可以向人民检察院申请抗诉。申请抗诉时应向人民检察院递交申请抗诉书。申请书应首先列明申请人和被申请人的基本情况，提出具体的请求事项。请求事项一般包含两项内容：一是请求撤销原审生效裁判文书，二是具体的诉讼请求。其次是事实与理由部分，应写明案件的基本事实，原审人民法院在认定事实和裁判结果上存在哪些错误，理由是什么。最后标明受申请的人民检察院、申请人以及申请日期。

2. 民事抗诉书。民事抗诉书是由人民检察院制作，提请人民法院对案件进行再审的文书。抗诉书中应注明是基于当事人申请还是人民检察院依职权提起抗诉，具体样式见右侧二维码。

第二编
证据模拟实训

第二章　证据的调查与收集

【本章学习目标】

知识目标

掌握证据调查收集的基本方法和注意事项，了解相应法律文书的制作要求。

能力目标

基本完成各种证据的调查收集，制作相应的法律文书。

素质目标

通过实训，提升学生关于证据调查收集的综合素养。

第一节　证据的调查收集

本节实训任务

通过实训掌握各种证据调查收集的基本方法，小组针对本组案例中涉及的证据进行分类分析论证，并模拟相关证据的收集。

一、调查收集证据的主体

（一）当事人及其诉讼代理人自行调查收集

当事人对自己提出的主张，有责任提供证据。代理诉讼的律师和其他诉讼代理人有权调查收集证据，可以查阅本案有关材料。律师代理民事诉讼，自行调查取证难以获得相关证据时，可以向人民法院申请调查令。律师可以持调查令向指定的个人或者单位调查收集证据。

（二）法院调查收集证据

当事人及其诉讼代理人因客观原因不能自行收集的证据，或者人民法院认为审理案件需要的证据，人民法院应当调查收集。

二、调查收集证据的范围

要件事实的证据：主张法律关系存在的当事人，应当对产生该法律关系的基本事实承担举证证明责任；主张法律关系变更、消灭或者权利受到妨害的当事人，应当对该法律关系变更、消灭或者权利受到妨害的基本事实承担举证证明责任。

辅助事实的证据：关于证明证据能力的有无和证明力有无、大小的事实；案件背景的事实，即案情的来龙去脉前因后果。

三、调查收集证据的注意事项

（1）收集证据必须主动、及时。在民事纠纷发生后要积极地收集案件的相关证据，法院确定举证期限后要严格遵守。

（2）收集证据要客观、全面。客观，就是反对先入为主，主观臆断，不要受主观意识的影响。全面，指既要收集对自己有利的证据，也要收集对自己不利的证据。

（3）收集证据要深入、细致。有些案件事实与表面现象并不相同，必须进行深入、细致的调查才能探索到事件的本质。实践中有些当事人往往因为没有仔细地深入调查，与最有利的证据失之交臂。

（4）依靠群众与科学技术手段相结合。依靠群众，能收集到的线索就越多，了解案情就越全面。同时，科学技术在不断发展，要充分利用先进的科学技术手段取证。

（5）严格遵守法定程序，注意保守秘密。严格遵守法定程序，按照法律规定的方法调查收集证据，严禁以威胁、引诱、欺骗以及其他非法方法收集证据、伪造证据。对于调查收集证据过程中可能得知的国家秘密、商业秘密、个人隐私等，要注意保密。

（6）证据必须及时固定，妥善保存。原始证据不能长期保存或者不能附卷保存的，及时拍照、录像或者复制，并做详细笔录。

四、主要证据的调查收集

鉴于当事人陈述和鉴定意见的特点，本章只就其他证据的调查收集作简要说明。

（一）书证的调查收集

（1）收集书证的原件、原本、正本和副本。收集原件确有困难的，可以收集与原件核对无误的复印件、照片、节录本。

（2）收集由有关部门保管的书证原件的复制件、影印件或者抄录件的，应当注明出处，经该部门核对无异后加盖其印章。

（3）收集报表、图纸、会计账册、专业技术资料、科技文献等书证的，应当附有说明材料。

法院对收集到的书证应妥善保管，不得使用或者毁损。

（1）在索取资料时，应当向当事人开列资料清单，由法院工作人员和当事人共同签字或盖章。

（2）提取书证原件有困难时，可以是副本、复印件；并附制作过程文字说明以及原件存放何处的说明，并由制作人签名或盖章。

（3）法院在收到当事人主动收集的书面证据时，应当出具收据，注明证据名称、收到件数、页数以及是否原件等，收据由法院工作人员签名。

（二）物证的调查收集

（1）实体物证，例如物品或车辆，应暂时扣留，待检验鉴定工作结束后予以发还。

（2）微量物证及附着物的提取，一定要小心、细致，谨防遗失。某些微量附着物在提取前，应先拍照，以保留原始状态和位置。对于不易直接提取的事故物证，如有可能，可以连同载体一起提取。

（3）法医物证的提取极易受环境气候的影响，勘查人员应事前准备好冷藏瓶等，防止受热易腐败检材失去检验价值。

（4）痕迹物证要找准事故要害部位，尤其是事故接触点，在该处提取物证，才是最重要的。

（三）证人证言的调查收集

（1）要注意审查证人资格。证人必须是了解案件情况，能够辨别是非并能正确表达的自然人或单位。证人不能指定、更换和替代。

（2）询问证人前，要事先了解证人与案件及被调查人有无利害关系，了解证人的思想品质、心理素质、身体情况等，有针对性地制定谈话提纲和确定谈话要点，并确定适当的时间和地点。

（3）收集证人证言时，要对证人提出要求，讲明责任。询问证人应分别进行，一人一证，一般情况下一事一证，不得采取开座谈会的形式。

（4）与证人谈话时，调查人员不得少于两人并应出示相关证件。收集证据要忠于事实真相、客观全面，严禁采用威胁、引诱、欺骗及其他违纪违法方式收集，以违纪违法方式收集的证人证言不得作为证据使用。涉及国家秘密、商业秘密及个人隐私的证据，应当严格保守秘密。

（5）调查人员与证人谈话时，应现场制作谈话笔录。

（6）有条件的，应要求证人亲笔写出证词，把所要证明的事实发生的时间、地点、当事人、原因、情节、手段、结果等书写清楚。

（7）调查人员与证人谈话，必要时可全程录音录像，但应事先告知本人。

（8）对于有关机关调取并移送的证人证言，必须经调查人员认真审核认定后才可作证据使用。同时应由该机关加盖印章，注明出处。

（四）视听资料的调查收集

（1）取证要求

视听资料证据的取证方法、取证程序必须符合法律法规的规定，表现形式要能准确反映案件实际；要有明确的时间、地点；视听资料要附文字说明，注明制作方法、制作时间、制作人和证明对象。声音资料应当附有该声音内容的文字记录。要与现场检查笔录与调查笔录互相印证，形成证据链。

（2）取证方法

①照相证据取证时至少照2张，1张为全景环境，1张为现场环境。首先要拍摄取证的对象，其次照物品的方位及其四周的情况。须从物品的各个角度多拍几张，然后回去遴选。

②录音证据收集时要先录制说明收集的时间、地点、录音对象等提示语，然后再录具体内容。

③录像既有声音又有图像，能真实地反映案件发生时的情形，是比较重要的取证手段，录像时要对环境内外围的情况都要进行摄录，着重于待证事实。

④调取与案件事实有利害关系的单位、个人或当事人手中的视听证据须依照法定的程序进行。

⑤收集新闻工作者手中能证实案件事实的音像资料。某些案件发生时，一些新闻工作者出于责任心、事业心，往往把其中的一些过程摄录下来。可以依法将这些视听资料调取过来，经鉴别后作为证据使用。

（五）电子数据的调查收集

调取电子数据证明材料应当收集电子证据的原始载体，收集原始载体有困难的，可以采用书证固定、拍照摄像、复制的方式。取证时应当注明制作方法、制作时间、制作人和证明对象等。

一般来说，可以用做电子证据取证的信息源很多，主要有 Office 文档文件、系统日志、电子邮件、操作系统文件、数据库文件和操作记录、Web 浏览器数据缓冲、书签、历史记录或会话日志、实时聊天记录、Web 页面、网站后台等，主要分为本地证据和网络证据两大类。电子数据收集应当注意以下问题：

（1）电子数据生成、收集、存储、传输所依赖的计算机系统等硬件、软件环境是否安全、可靠；

（2）电子数据的生成主体和时间是否明确，表现内容是否清晰、客观、准确；

（3）电子数据的存储、保管介质是否明确，保管方式和手段是否妥当；

（4）电子数据提取和固定的主体、工具和方式是否可靠，提取过程是否可以重现；

（5）电子数据的内容是否存在增加、删除、修改及不完整等情形；

（6）电子数据是否可以通过特定形式得到验证。

（六）勘验笔录的制作

在勘验物证或者现场时，勘验人员必须出示人民法院的证件，邀请当地基层组织或者当事人所在单位派人参加，当事人或者他们的成年家属应当到场；拒不到场的，不影响勘验的进行。有关单位和个人根据人民法院的通知，有义务保护现场，协助勘验工作的进行。人民法院勘验物证或者现场，应当制作笔录记录勘验的时间、地点、勘验人、在场人、勘验的经过、结果，由勘验人、见证人签名或者盖章。对于绘制的现场图应当注明绘制的时间、方位、测绘人姓名、身份等内容。勘验笔录应把物证或者现场一切与案件有关的客观情况，详细、如实地记录。

应当注意：第一，笔录内容必须保持客观真实，对勘验当时的情况如实记载。不扩大、不缩小、不走样，不能掺杂勘验人员的任何主观推测和分析判断的内容。第二，笔录文字用语必须确切肯定，不能模棱两可，切忌用"大概""可能""较高""较远"等不确定的词句。第三，笔录必须是在勘验过程中当场制作，完整反映勘验的经过和结果，不能事后追忆。第四，为了体现勘验笔录的公正性，勘验应当依法邀请当地基层组织或者和案件有利害关系的案外人参加并在笔录上签字。

第二节　调查取证笔录和证据目录

本节实训任务

制作调查取证笔录和证据目录。

一、调查取证笔录的制作

（一）调查笔录在制作程序上应注意把握好四个问题

（1）准备要充分。制作笔录之前，询问人员要有一定的思想准备，要熟悉案情，熟悉法律法规，掌握政策依据，分析被询问人的心态，思考打算问什么，准备怎么问，事先预测将会遇到什么困难，考虑好相应的对策等。总之，思想上要有充分的准备，尽可能在制作笔录前列出详细的调查询问提纲。

（2）格式要规范。一份完整的调查取证笔录由首部、正文、尾部三部分组成。首部要按规定的格式填写，调查起止时间中的年、月、日、时、分要填写准确；地点应写地名（可加单位），如"某市或某镇某街几号"，不能只写单位，如"某单位某办公室"。问答式的正文要体现法定要求，要详细反映案件的客观事实。尾部收尾要依照法定的程序，手续要完整。

（3）内容要具体。正文内容要围绕案情，要把与案件有关的事实以及与事实相关的主客观原因问清楚，要围绕案情把时间、地点、经过、手段、结果、目的问清楚，特别是要把案件构成的条件问清楚、记详细，涉及关键性的问题应重复问答。

（4）手续要完备。调查取证笔录制作结束后首先应交由被询问人核对，允许被询问人对回答的内容进行更正、修改、补充。其次签名要完整，每一页被询问人都要签名，询问人、记录人签名应及时、确切，切不可他人代签。最后捺印要准确，被询问人要在笔录的姓名处、修改补充处、两页以上骑缝处用右手食指或拇指全印捺印到位，对加入和涂改较长的语句应在头尾处、加入箭头处捺印准确。

（二）调查取证笔录的主要内容

调查取证笔录主要由首部、正文及尾部三部分组成。首部应写明案件的案由、证据的名称、制作时间及地点。

正文部分首先写明证据来源，明确作为证据资料移送的相应证据的来源。其次是笔录的具体内容，根据证据资料的属性，以时间节点、记录具体过程展开说明。再次记载证据的证明对象，明确作为证据移送的证据资料所要证明的具体事项或目的。最后是证据的制作过程，明确该证据资料制作的具体过程，如具体地点、时间等。明确证据原始资料提供方对经过制作后的证据资料与原始资料在内容上的异同认定。

尾部是签名盖章，包括证据资料提供方、见证人等的签字或盖章确认；办案人员、证据资料处理制作人员签字确认。

二、证据目录的制作

证据目录不仅能够清晰表达提交方的想法和思路，同时也能给法官留下良好印象，提高庭审效率，证据目录实质上是诉讼策略和诉讼思路的体现。证据清单与证据目录不同。证据清单可以按照时间、主体、阶段等不同方式对证据进行罗列，以便为理清案件事实，寻找诉讼策略提供参考。证据目录则是有目的、有方向地组织现有的证据材料，根据案件的争议焦点等内容，整体反应诉讼思路和策略。只有这样，证据目录才可以很好地帮助制作人进行清晰、富有逻辑的庭审活动，对于一些意外因素也能有很好的整体把握。

一份证据目录需要包含一些必备信息，如案件名称、案号（原告可空）、证据编号、证据名称、证明事项、页码等（具体格式如下表）。此外，根据证明事实或者争议焦点的不同，还需要组织证据分组，将证明的内容分层级显示，比如每一份文件有单独的证明事实，同时几份文件合在一起也会证明另一个事实，在组织证据时要善于利用分级证明的思路组织证据，反映诉讼的思路和策略。

民事诉讼证据目录

编号	证据名称	页码	证明事项	证据种类	证据来源	原件／复印件	备注

除了基本的要素以外，一些其他要素对于说明证据情况也很重要，同样需要注明。如证明产生或标记的时间、证据的来源、证据的份数、是否有原件等。这些要

素能够让提交者和法官清晰地了解证据材料的状态，并以此作出合理判断。

证据目录一般用表格的形式呈现，在调整表格时要考虑整体的美观和协调。既然是表格，Excel 是必不可少的工具，虽然 word 或者其他软件可能也能制作表格，但在表格的具体使用调整上远不如 Excel 方便，因此推荐使用 Excel 进行证据目录的制作。

字体、字号本身属于个人选择，可以根据自身需要设定，但是由于 A4 纸张宽度有限，又需设置诸如"序号""证明事项""页码"等列，如果字体过大，就会显得很不协调，因此建议适当控制。另外需要注意的是表格的宽度也要适当控制。

注意事项：

（1）作为一份规范的证据目录首先要避免手写。实务中出现很多页码、序号或其他内容手写的情况，虽然这样并不是没有效力，但是整体会不协调。在没有特殊情况下，应当事先做好，除签名外避免手写的情况出现。

（2）证据目录是高度的概况和总结，如果想突出证据的重要性，可以直接在证据而不是在证据目录上体现。

（3）根据庭审的需要，可以适当地制作补充证据目录（如《补充证据目录（一）》），格式和内容与之前提供的版本保持一致，同时在实际使用时注意区分，避免混淆。

（4）装订时，复印出来的证据要求清晰、美观，尽量置于版面中间；证据目录的封面要求置于证据之前；装订时不得使证据内容有所缺失。

第三节　实训文书

本节实训任务

掌握各种文书的制作方法。每组针对本组具体案例确定需要的文书，按照相关要求进行制作。

一、申请书

（一）调查收集证据申请书

当事人和其他诉讼参加人因客观原因不能自行收集的证据，可以在举证期限届满前申请人民法院调查收集，须向人民法院提交书面申请。申请书首先应写明当事人的基本情况，包括申请人姓名、性别、出生年月日、民族、职务、工作单位、住址和联系方式。有诉讼代理人的，另起一行写明诉讼代理人的姓名、法定代理人写明与当事人的关系，委托代理人写明工作单位。当事人是法人或者其他组织的，写明名称、住所。另起一行写明法定代表人、主要负责人及其姓名、职务、联系方式。其次要写明请求事项，一般为请求人民法院调查收集证据，应写明证据的名称、地点等基本信息。再次要写明事实和理由，注明案件的案由，阐明因何种原因不能自行调查收集该证据，以及依据的法律。最后是受理申请的法院、申请人的签名或盖章以及申请的日期。申请书的样式见右侧二维码。

（二）证据保全申请书

当事人可以在诉讼或仲裁前以及诉讼过程中向人民法院提出诉讼保全申请，应分别向人民法院提交诉前证据保全申请书和诉讼证据保全申请书。两种文书的格式基本相同，正文部分包括申请人与被申请人基本情况、请求事项、事实和理由、落款等内容。需要注意的是，请求事项应写明请求人民法院采取的具体保全措施，如查封、扣押等。但因诉前证据保全提起时，人民法院尚未受理案件，因此请求事项无需写明案件的案号及案由。此外，按照《民事诉讼法》的规定，申请诉前证据保全必须提供担保，故在事实和理由之后，应写明申请人提供担保的情况。两种文书的具体样式见右侧二维码。

二、准许／不准许调查收集证据申请通知书

当事人向人民法院提交调查收集证据的书面申请后，人民法院应进行审查，对于符合条件的，应制作准许调查收集证据通知书，并送达申请人和其他当事人。对于不符合条件的，应制作不准许调查收集证据通知书，并送达申请人。具体样式见右侧二维码。

三、民事裁定书

（一）证据保全裁定书

当事人提出证据保全申请，人民法院认为应采取保全措施的，应制作民事裁定书，包括诉前证据保全裁定书和诉讼证据保全裁定书。制作这两种裁定书时应注意：（1）诉前证据保全裁定书的案号中案件类型代字为"证保"，诉讼证据保全裁

定书案号中的案件类型用诉讼案件的类型代字；（2）诉前证据保全措施须申请人提供担保，因此如有保证人的，诉前证据保全裁定书中应列明保证人的基本情况；（3）裁定书的裁定结果应写明具体的证据保全措施；（4）诉前证据保全裁定书还应写明申请人应在人民法院采取保全措施后 30 日内向人民法院提起诉讼，以及不起诉的后果。两种文书的具体样式见右侧二维码。

（二）解除证据保全措施裁定书

人民法院在采取证据保全措施后，具备法定情形时，应裁定解除保全措施。裁定书的案号应与前述证据保全裁定书的案号一致。解除以登记方式实施的保全措施的，还应当向登记机关发出协助执行通知书。具体样式见右侧二维码。

四、证据材料收据

人民法院收到当事人提交的证据材料后，应向当事人出具收据。收据的内容应写明证据名称、份数、页数、原件或者复制件、证明目的、收到时间，并由经办人员签名或者盖章。如证据份数较多的，可另制作附录，载明证据的名称、份数、页数等内容。具体样式见右侧二维码。

第三章　证据交换

【本章学习目标】

知识目标

能够分析己方和对方当事人所提交证据的优劣，归纳出争议的焦点，对对方当事人的证据能提出实质性的异议。

能力目标

基本掌握运用己方证据对对方当事人的证据进行有效反驳。

素质目标

通过实训，提升学生关于证据交换的综合素质。

本章实训任务

申请进行证据交换，整理己方证据，出席证据交换活动，审查对方当事人提交的证据，总结提炼质证要点。

基本知识指引

一、审查与提出证据交换申请

（1）审核当事人提出申请证据交换的适用范围。即证据较多或者较为复杂疑难的案件。需注意的是：并非所有的案件都要进行证据交换，如果案件不太复杂、证据也不多时，可以通过指定或当事人协商举证期限加以固定争议焦点和证据，以及按简易程序审判的案件无需庭前的证据交换。

（2）办理提出证据交换申请手续。当事人如认为需要交换证据的，向法院提出交换证据的书面申请。

（3）协商确定证据交换的时间、地点。交换证据的时间可以由当事人协商一致并经人民法院认可；如不能协商，可由法院开庭前交换证据的时间、地点。

二、出席证据交换活动

（一）认真审核对方当事人所提交的证据材料

审核的具体方法主要有：

（1）书证是否是原件，或者是否经核对无误的副本或者复制件；副本或者复制件的有无来源和取证情况说明；当事人提供的证据系在中华人民共和国领域外形成的，该证据是否经所在国公证机关予以证明，并经中华人民共和国驻该国使领馆予以认证，或者履行中华人民共和国与该所在国订立的有关条约中规定的证明手续；当事人提供的证据是在香港、澳门、台湾地区形成的，是否履行相关的证明手续；当事人提供的外文书证或者外文说明资料，是否附有中文译本。

（2）物证是否原物；提供复制品或者照片的是否属于提供原物确有困难的，是否有相关来源的说明。

（3）电子数据与视听资料，提供的是否为有关资料的原始载体；对提供复制件的是否属于提供原始载体确有困难的，及其是否有相关说明其来源和制作经过的证明材料。

（4）摘录有关单位制作的与案件事实相关的文件、材料是否注明出处并加盖制作单位或者保管单位的印章；摘录人是否在摘录件上签名或者盖章；摘录文件、材料是否保持内容相应的完整性，是否存在断章取义。

（5）对鉴定人出具的鉴定书，主要审查是否具有下列内容：委托人姓名或者名称、委托鉴定的内容；委托鉴定的材料；鉴定的依据及使用的科学技术手段；对鉴定过程的说明；明确的鉴定结论；对鉴定人鉴定资格的说明；鉴定人员及鉴定机构签名盖章；鉴定程序是否合法；鉴定意见依据是否充分。

（6）对证人证言的审核。对证人的智力状况、品德、知识、经验、法律意识和专业技能等进行审核；证人与对方当事人是否有亲属或者其他密切等利害关系；未成年人所作的证言是否与其年龄和智力状况相当。

（二）审查分析对方当事人的证据材料

分析对方当事人所提交证据材料与案件之间是否具有客观性、关联性、合法性，以及证据存在的瑕疵。证据与本案事实是否相关；证据的形式、来源是否符合法律规定；证据的内容是否真实；证据之间是否存在矛盾；能否形成合理的证据链。

（三）针对对方提交的证据材料提出异议与反驳

（1）对于对方出示的书证、物证、鉴定意见等证据一定要仔细查看、核对，书证必须查看原件，并与复印件进行比较；物证要核查原物并结合其他证据，辨别其可靠性、真实性和有效性，发现疑点立即提出异议或要求对方继续举证印证；对鉴定结论一定找注意其真实性和权威性，有异议的，应当及时提出重新鉴定申请。

（2）针对对方当事人及其代理人出示的证据，找出其破绽，提出异议。

（3）仔细听取对方的陈述，对方说的不对的要点，做好记录，并提出异议。

（4）抓住要害，明确焦点，论点集中，言简意明，善于使用第一手材料进行反驳。

（5）善于引用法律规定，明了其中的具体内涵及与案件事实的关系，并据此对对方当事人的证据和理由提出异议。

（四）认真核对笔录，理清争议焦点

（1）在证据交换的过程中，审判人员将对当事人无异议的事实、证据记录在卷；对有异议的证据按照需要证明的事实分类记录在卷并记载异议的理由。因此，应当认真核对记录材料，确定记录是否有误。

（2）梳理和明确双方争议的主要问题和分歧要点，为出庭做好准备。

案例指引

原告蒋某（系死者吴某之夫）、吴大某（系死者吴某之父）。被告金某、加某、薛某、某部队、中国人民财产保险股份有限公司某分公司、某公路建设管理局、马某。

原告诉称，2020 年 11 月 15 日 7 时许，黎某无证驾驶某号"金杯"牌客车（限载客 8 人）经某高速公路由西向东行驶，与个体驾驶员加某驾驶的因前方路面有障碍而停在公路上的某"东风"牌重型普通货车尾随相撞，随后驾驶人薛某驾驶的某"长城"牌小客车又与该"金杯"牌客车左侧面相撞。事故造成驾驶人黎某、乘车人王某、吴某三人死亡，乘车人徐某、郑某、陈某、杨某、肖某等 5 人受伤。此事故造成原告蒋某之妻吴某死亡，给原告造成重大经济损失和精神痛苦。2020 年 11 月 30 日，经（第 48 号）某交通警察总队高速公路支队交通事故认定，认定驾驶人黎某应负此事故的主要责任，驾驶人加某和薛某，应负事故的次要责任。乘车人不负此事故责任。加某是某"东风"牌重型普通货车的所有权人；某"长城"牌小客车是某部队车辆；某号"金杯"牌客车所有权人是金某。某车已参加 BF22 保险险种，被告马某是驾驶员黎某（死亡）之妻，也是黎某财产保管人。基于以上事实和理由，请求：（1）依法判令六被告承担连带责任，赔偿原告死亡赔偿金 134 637.60 元，丧葬费 7 678 元，停尸费 2 995 元，尸体鉴定费 300 元，吴某父亲的赡养费 24 000 元，精神损害赔偿金 20 000 元，误工费 500 元，交通费 500 元，共计 190 610.60 元；（2）本案诉讼费和其他费用由六被告承担。原告方为支持自己的诉讼请求，向法庭提交了以下证据材料：交通事故责任认定书；注销证明，尸体处理通知书；身份证复印件；现场拉尸、料理、停尸、整容收款收据；原告工资证明；交通费发票。

2021 年 1 月 13 日原告申请追加高管局为被告，与上述六被告共同承担连带赔偿责任。

被告金某辩称：我的身份证于几年前已丢失，事故车辆不是我的，不承担赔偿责任。

被告加某辩称：事发当天，某高速公路 70KM+47M 路段有一辆由东向西行驶的运输车载着大煤而翻车，车内的大煤通过路中间的防护栏散落在答辩人行驶的右车道内（路面有障碍物的事实责任认定书已确认）。右车道内行驶的车辆完全受阻无法通行。答辩人在临时停车道内不能停车的情况下，便下车去捡路面上的大煤，其间后面来车与答辩人车尾随相撞。据答辩人知悉，装有大煤的车辆翻车至答辩人的车发生事故时已停留长达两小时之久，但高管局对此没有过问过，由于路面上的障碍物不能及时清除，车辆无法正常通行，致使发生此次事故的重要原因。因此对造成的损失应由高管局承担责任。且当日是雪天，高速公路已形成冰雪路面（责任认定书已认定这一事实），冰雪路面对车辆安全行驶形成隐患，当答辩人发现前方路面有障碍物时立即采取停车措施，并向临时停车道内行驶，但由于冰雪路面，车辆打滑而没有将车开进停车道。未开进临时停车道不是答辩人的主观原因造成的，而是客观原因冰雪路面所致。为此，于 2021 年 1 月 28 日申请，以高管局未履行自己的职责，没有及时清除辖区路面上的障碍物和在恶劣天气时没有采取管制措施为由，追加高管局为被告，承担连带赔偿责任。

被告某部队口头答辩称：（1）部队车辆当时并未直接撞到某号面包车上，是后方卡车撞击部队车辆后才撞到某号面包车左侧面，但是依据证据的概然性，在有相当证据证明部队车与面包车相撞的情况下，我们不坚持车辆未相撞的主张。但是部队车当时的车速很慢，且高交支队对我方车辆的检验结果证明我方车辆制动系统是合格的，采取刹车措施后，汽车的速度必然会减速，不可能高速撞击面包车，而且是在面包车与前方车辆尾随相撞后很长一段时间才撞上去的，不可能造成面包车上严重的伤害，更不可能造成对方的人员死伤；（2）本案各被告间应按各自的过错承担赔偿责任。各被告并没有共同的故意，是各自独立的行为，应当根据过失大小各自承担相应的赔偿责任；（3）本案原告蒋某所主张的停尸费应属于丧葬费，原告吴某是死者吴某的法定被扶养人，但其有固定收入未提供其他证据，故不应赔偿其生活费。被告某部队为支持自己的辩解，提交以下证据材料：高交支队交通事故现场勘查笔录；事故现场图；高交支队干警对某车驾驶人加某所作询问笔录；高交支队干警对某号车驾驶人薛某的询问笔录；高交支队干警对服务区路政人员林某询问笔录；高交支队干警对某号车乘车人杨某的询问笔录；高交支队交通事故案卷中薛某所写的事故详细经过；某市公安局城北分局25号、26号尸检报告；某号车被撞后的正面照片；面包车左侧面被撞后的照片；某号车技术鉴定书；证人曹某出庭作证；证人周某的录音证词；乘车人肖某询问笔录；高速支队对某车上乘坐人员蒲某询问笔录。

某分公司答辩称：某号金杯"面包车"是与我公司签订了机动车辆第三者责任保险条款。但（1）保险合同中登记的是非营业用（不含家属自用）但事实证明此车是在营业用车时发生事故的；（2）此车保的是第三者责任险，而死者是面包车上的乘坐者，不是第三者；（3）保险合同条款中约定的免除赔偿责任包括无证驾驶，面包车驾驶人黎某系无证驾驶，这一点已被责任认定书所认定，因此，我公司不承担保险赔偿责任。被告某分公司为支持自己的辩解，向法庭提交了以下证据材料：中国人民财产保险股份有限公司某分公司0016868号保险单副本（复印件），以此证明与某号车签订了机动车辆第三者责任险。

被告高管局答辩称：（1）本案事故是因交通肇事造成的，应按事故发生的原因、因果关系来确定责任的承担。责任认定书中对造成交通事故的主、次责任是清楚的。高管局不是造成原告人身损害的责任人，原告方的伤亡与高管局没有任何因果关系；（2）原告申请追加高管局为被告的理由是不成立的。我方在7：15分接到报案后，7：40分赶到现场，及时出现场，并采取了相应的措施；（3）原告请求被告间承担连带责任是没有法律依据的。我方在此案中不应承担任何责任。被告高管局为支持自己的辩解，向法庭提交了以下证据材料：高速公路路政巡逻检查登记表；巡逻电话单；某路政大队工作人员向某号货车驾驶人王某询问笔录；路政大队"11·15"某高速公路某纵向桥段重大交通事故调查终结报告；证人李某、曹某作证。

被告马某答辩称：我不在现场，不了解情况，我丈夫已死，我无法承担责任。

实训任务

（1）根据本案提供的事实和证据材料，分别对当事人的证据材料进行整理归类、制作证据目录。

（2）对当事人所提供证据的证据能力进行分析，能初步判断其对相关事实的证明力。

（3）初步分析对方证据所存在的缺陷，并能有效地提出具有针对性的意见。

核心提示

（1）先回顾和预习《最高人民法院关于民事诉讼证据的若干规定》、《民事诉讼举证通知书》和《诉讼风险告知书》，以及其他相关规定。

（2）无论作为原告方还是被告方，一是着重分析己方所提供的证据能否支持己方的主张以及可能存在的缺陷；二是对对方所提供的证据着重关注存在问题的证据，以及提出异议的理由。

第四章　庭审中的举证与质证

【本章学习目标】

知识目标

掌握举证和质证的要点、顺序与技巧，熟悉庭审中进行举证和质证的要求。

能力目标

能够针对对方的证据提出反驳意见，以实现己方主张被法庭采纳的目的。

素质目标

通过实训，提升学生举证和质证的综合素质。

实训目的

能够分析整理己方的证据，并进行有效的举证事务；能够针对对方当事人的举证进行有效的反驳和辩解。

基本知识指引

一、举证

（一）庭审中法庭调查前，认真梳理己方证据及其证明目的

民事诉讼庭审过程是双方当事人为主张自己陈述的事实存在，依据"谁主张，谁举证"的原则，提出证据，并对该事实加以证明的一个过程。因此，在举证时应当充分熟悉己方所提供的证据及其证明目的、证据效力、证据来源等情况。同时应理清证据与所证明事实、诉讼请求之间的关系，积极、全面、正确、诚实地做好举证事项。

注意：当事人对自己提出的诉讼请求所依据的事实或者反驳对方诉讼请求所依

据的事实有责任提供证据加以证明。没有证据或者证据不足以证明当事人的事实主张的，由负有举证责任的当事人承担不利后果。

（二）把握法庭调查进行的顺序

法庭调查的顺序为：当事人陈述；证人作证或宣读未到庭的证人证言；出示书证、物证和视听资料；宣读鉴定结论；宣读勘验笔录。

同时，依据法律规定，当事人经法庭许可，可以向证人、鉴定人、勘验人发问，并事先做好提问的问题提纲。

二、质证

（一）熟知法庭调查中质证的目的与质证顺序

质证，是指在法庭的主持下，诉讼双方针对对方提出的证据就其真实性、合法性、关联性以及证明力有无、证明力大小予以说明和质辩的活动或过程。质证不仅表现为诉讼的一方对另一方所提出的不利于自己的证据进行质疑和责问，也包括提出证据的一方对该质疑进行的反驳和辩解。民事诉讼中质证的主体是原、被告双方当事人以及第三人。

依照最高法院《民事诉讼证据的若干规定》，证据应当在法庭上出示，由当事人质证。未经质证的证据，不能作为认定案件事实的依据。对书证、物证、视听资料进行质证时，当事人有权要求出示证据的原件或者原物。但有下列情况之一的除外：出示原件或者原物确有困难并经人民法院准许出示复制件或者复制品的；原件或者原物已不存在，但有证据证明复制件、复制品与原件或原物一致的。

法庭调查中质证的顺序为：（1）原告出示证据，被告、第三人与原告进行质证；（2）被告出示证据，原告、第三人与被告进行质证；（3）第三人出示证据，原告、被告与第三人进行质证。人民法院依照当事人申请调查收集的证据，作为提出申请的一方当事人提供的证据。人民法院依照职权调查收集的证据应当在庭审时出示，听取当事人意见，并可就调查收集该证据的情况予以说明。

（二）梳理质证的要点

质证时，主要围绕证据的合法性、真实性、关联性，针对证据证明力有无以及证明力大小进行质疑、说明与辩驳。质证的内容就是诉讼法的双方就证据材料是否具备证据的三个特点进行的质辩。

证据的合法性：证据材料具有法律规定的合法性，是该项证据材料能够进入诉讼的前提条件。

证据的客观真实性：具备了合法性特征的证据材料，在形式上必须是客观存在的，在内容上还必须是真实性。

证据的关联性：具备了合法性特征并且内容真实的证据材料，也可能因为和案件事实没有实质的联系或者联系疏远而被法官最终排除。

（三）进行质证

民事诉讼质证时，按下列要求进行：

（1）原告出示证据，被告、第三人与原告进行质证。原告可以申请法庭传唤证人、鉴定人或专家辅助人，或宣读未到庭的证人证言、鉴定结论，宣读勘验笔录，出示书证、物证、视听资料由被告或第三人对证人、鉴定人、勘验人进行发问，或对书证、物证、视听资料以及书面的证人证言、鉴定结论和勘验笔录进行辨认并陈述意见。

（2）被告出示自己收集或申请法院收集的上述证据。经法庭许可，原告、第三人与被告进行质证。

（3）第三人出示自己收集的或申请法院收集的上述证据，经法庭许可，原告、被告与第三人进行质证。

（4）原告、被告和第三人可以相互发问、辩论。

注意：

（1）证人在人民法院组织双方当事人交换证据时出席陈述证言的，可视为出庭作证。

（2）诉讼过程中，一方当事人对另一方当事人陈述的案件事实明确表示承认的，另一方当事人无需举证。但涉及身份关系的案件除外。

（3）根据《最高人民法院关于民事诉讼证据的若干规定》，下列事实，当事人无需举证证明：①众所周知的事实；②自然规律及定理；③根据法律规定或者已知事实和日常生活经验法则，能推定出另一事实；④已为人民法院发生法律效力的裁判所确认的事实；⑤已为仲裁机构的生效裁决所确认的事实；⑥已为有效公证文书所证明的事实。但其中①、③、④、⑤、⑥项，当事人有相反证据足以推翻的除外。

案例指引

原告陈某1、徐某芳、陈某2因与被告上海国际旅行社有限公司（以下简称旅行社）发生旅游合同纠纷，向上海市长宁区人民法院提起诉讼。

　　原告陈某 1、徐某芳、陈某 2 诉称：三原告于 2021 年 7 月 30 日与被告旅行社签订了《上海市出境旅游合同》，双方约定由被告向原告提供 2021 年 9 月 30 日至同年 10 月 8 日为期 9 天的前往欧洲旅行的旅游服务，每人旅游费为人民币 17 866 元人民币 (以下未注明币种均为人民币)。合同订立后，三原告向被告实际支付旅游费用共计 55 326 元，被告向原告开具了发票。相关旅游签证由被告代为办理。2021 年 9 月 3 日，原告陈某 1 因工作原因出国需要使用护照，联系被告要求暂时取回护照。被告称护照如取回，旅游签证无法按时办理，旅行无法如期进行。被告也不同意原告更改旅游时间，无奈原告只能退团，并要求被告退还旅游费用。被告退还 25 128 元，在无任何凭据的情况下，扣除了原告 30 198 元。原告无法接受被告作出的处理，向旅游质监所提请调解，但调解未成。后被告又向原告返还 4 600 元，但被告仍扣留三原告旅游费用 25 598 元。原告认为，原告提前将近一个月的时间通知被告退团，被告完全有足够的时间另行出售旅游名额，不会对被告造成损失。被告所称的已产生损失，未提供充分证据证明。即使按照合同约定，原告解除合同只是承担旅游合同总价 5% 的违约金。原告据此请求法院判令被告返还三原告旅游费 25 598 元。

　　原告陈某 1、徐某芳、陈某 2 为证明其诉讼请求，向法院提供了：①《上海市出境旅游合同》、旅游度假产品确认单；②发票；③收费证明、费用证明；④上海市旅游质量监督所旅游投诉终止调解书。

　　被告辩称：原告陈某 1 因自身事务退团，违反合同约定，应当承担违约责任。原告徐某芳、陈某 2 无正当理由退团，也应承担违约责任。原告预定旅游行程时处"十一"黄金周期间，属于旅游旺季，预先交付给旅游地地接社的费用无法退还。但是被告为尽量减少原告损失，于 2021 年 9 月 12 日退还原告 1 728 元，9 月 18 日退还原告 23 400 元,11 月 7 日退还原告 4 623 元，被告已经尽到了维护客户权益的责任。至于剩余费用，因已经实际发生,被告无法从地接社处取回。故被告请求法院驳回原告的诉讼请求。

　　被告旅行社为证明其主张,向法院提供了：①地接社欧洲之星公司出具的收费证明、取消政策；②欧洲之星公司注册证书；③奥地利驻华大使馆网页信息。

　　上海市长宁区人民法院一审查明：

　　该旅游合同在旅游者的义务项下还约定"旅游者应当遵守合同约定，自觉履行合同义务。非经旅行社同意，不得单方变更、解除旅游合同，但法律、法规另有规定的除外。因旅游者的原因不能成行造成违约的，旅游者应当提前 7 天 (含 7 天) 通知对方，但旅游者和组团旅行社也可以另行约定提前告知的时间。对于违约责任，旅游者和旅行社已有约定的，从其约定承担：没有约定的，按照下列协议承担违约责任：①旅游者按规定时间通知对方的，应当支付旅游合同总价 5% 的违约金；

②旅游者未按规定时间通知对方的，应当支付旅游合同总价 10% 的违约金。旅行社已办理的护照成本手续费、订房损失费、实际签证费、国际国内交通票损失费按实计算。因违约造成的其他损失，按有关法律、法规和规章的规定承担赔偿责任。"在该旅游合同补充条款上载明，旅游团费包含签证费、游程中规定的用餐、双标房、国际交通费、游览用车、景点第一门票、导游服务等费用。

上海市长宁区人民法院一审认为：

依法签订的合同，对当事人具有法律约束力。当事人应当按照约定履行自己的义务，不得擅自变更或解除合同。原告陈某 1、徐某芳、陈某 2 与被告旅行社签订了《上海市出境旅游合同》，双方缔结旅游合同关系，意思表示真实，该旅游合同应属有效，双方应该共同遵守合同的约定。陈某 1 因自身原因，在旅行社代为办理前往旅游目的地签证时要求取回护照，导致旅行社无法代为办理签证，参加原定旅游行程受阻，陈某 1 要求退团；继而徐某芳、陈某 2 也要求退团，陈某 1、徐某芳、陈某 2 的解约行为，致使双方签订的旅游合同无法继续履行，陈某 1、徐某芳、陈某 2 行为构成违约，应当承担相应的违约责任。

最高人民法院《关于审理旅游纠纷案件适用法律若干问题的规定》第十二条规定："旅游行程开始前或者进行中，因旅游者单方解除合同，旅游者请求旅游经营者退还尚未实际发生的费用，或者旅游经营者请求旅游者支付合理费用的，人民法院应予支持。"因此，在陈某 1、徐某芳、陈某 2 单方解除旅游合同后，应当承担由此产生的后果。

按照双方签订的旅游合同约定，因旅游者的原因不能成行造成违约的，旅游者应当提前 7 天通知对方，并支付旅游合同总价 5% 的违约金。原告陈某 1、徐某芳、陈某 2 参加的旅游活动于 2021 年 9 月 30 日出行，陈某 1、徐某芳、陈某 2 于 2021 年 9 月 6 日通知被告退团，旅行社对此予以确认。陈某 1、徐某芳、陈某应依约支付旅行社旅游合同总价 53 598 元的 5% 的违约金 2 679.90 元。

同时，双方签订的旅游合同还约定，旅行社已办理的护照成本手续费、订房损失费、实际签证费、国际国内交通票损失费按实计算。原告陈某 1、徐某芳、陈某 2 的旅游签证是由被告代为办理，但旅行社并未提供使领馆已经收取陈某 1、徐某芳、陈某 2 办理签证费用的证据，旅行社无法证明签证费用已经发生，应当将陈某 1、徐某芳、陈某 2 办理签证的费用 180 欧元（以当时汇率中间价 8.00382，折合人民币 1 446.688 元）如数退还。旅游合同成立后，旅游经营者为履行合同义务即要着手为旅游者办理出入境手续、预定交通工具和膳宿。对旅游所涉交通、住宿的预先落实，既是保证旅游活动能够按约进行的前提，也是前往旅游入境国使领馆办理旅游签证的必备条件。随着上述手续的办理就会发生费用的预付。根据民事诉讼证据举证规则规定，对合同是否履行发生争议的，由负有履行义务的当事人承担举证责任。旅行社提供证据证明已向其委托的负责此次旅游活动接待的地接社欧洲之星公司交付费用，欧洲之星公司根据其与旅行社协议约定，以陈某1、徐某芳、陈某2取消旅游行程，致其损失3018欧元为由，拒绝退还该笔费用，该事实发生应当得到认定。由于欧洲之星公司所处地域，其出具的文书需要进行公证、认证。旅行社提供上述证据未经公证、认证，在形式上存在瑕疵。而公证、认证需要花费精力及支付相应费用，欧洲之星公司持消极、不配合的态度，客观上为旅行社消除上述证据瑕疵造成障碍。如果因此将不利后果由旅行社承担，则有失公平。基于本次纠纷缘于陈某1、徐某芳、陈某2解约，而旅行社出示的证据因提供方的不配合存在瑕疵，此瑕疵是旅行社主观上无法消除的因素，对于欧洲之星公司拒绝退还3018欧元造成的损失，酌定双方各半承担。旅行社需向陈某1、徐某芳、陈某2再退还12129.64元。

综上所述，被告在扣除原告陈某1、徐某芳、陈某2支付的违约金后，应再向陈某1、徐某芳、陈某2退还旅游费10896.62元。

综上，上海市长宁区人民法院依照《中华人民共和国民法典》第五百七十八条、《旅游法》第六十五条、最高人民法院《关于审理旅游纠纷案件适用法律若干问题的规定》第十二条的规定，作出判决：上海国际旅行社有限公司于判决生效之日起十日内向陈某1、徐某芳、陈某2退还人民币10896.62元。如果未按判决指定的期间履行给付金钱义务，应当依照《民诉法》第二百六十条之规定，加倍支付迟延履行期间的债务利息。案件受理费人民币439.10元，由陈某1、徐某芳、陈某2负担人民币252.10元，由旅行社负担人民币187元。

陈某1、徐某芳、陈某2不服一审判决，向上海市第一中级人民法院提起上诉。

实训任务

通过对原告提供的证据进行分析，在庭审过程中提出有利于被告的质证意见，并提出证明自己主张的证据，以达到胜诉的目的。

核心提示

本证需对自己提出的主张，用相应的证据加以证明，该证据当然也要从合法性、真实性和关联性三方面进行审查；相反地，对于对方提出的证据，也需要从上述三个特性中对每一个证据加以分析，提出相反的结论。

第三编
程序模拟实训

第五章　一审普通程序的模拟实训

【本章学习目标】

知识目标

熟悉起诉与受理、庭前准备及开庭审理的相关法律规定，掌握当事人的确定、起诉管辖法院确定、法院民事诉讼主管范围的确定、被告答辩、开庭审理等相关理论知识点。

能力目标

能够运用上述理论知识，模拟进行民事案件的起诉与答辩，模拟人民法院受理案件并完成庭前准备。能够模拟担任当事人、审判人员等不同角色，完成该角色在民事诉讼中的任务和工作。

素质目标

强化权利意识，养成尊重他人的态度，形成规范、严谨的办事风格，遵守职业道德。

第一节　起诉、受理与答辩

本节实训任务

模拟当事人进行起诉、答辩，模拟审判人员完成案件受理，并撰写相关法律文书。

一、起诉的条件

民事诉讼是民事纠纷主体保护自身合法权益的司法救济手段。与其他救济手段不同的是，民事诉讼是制度化、规范化、程序化的纠纷解决机制。倘若纠纷主体在启动民事诉讼之前准备不当，将使自身在诉讼中遭受不利后果。因此，纠纷一方主体在启动民事诉讼前，首先需要考虑所涉纠纷是否已具备起诉的条件。

（一）原告应当适格

根据《民事诉讼法》第 122 条及民事诉讼法解释的相关规定，原告应当是与本案有直接利害关系的公民、法人和其他组织。因此，纠纷一方主体在起诉前，需审查自身是否为符合法律规定的适格原告。在一些民事法律关系所涉民事主体范围比较复杂的情形中，如实际参与主体与名义主体不一致、一方民事主体人数众多且法律关系复杂等，尤其要注意对原告是否适格进行判断。

（二）被告应当准确

《民事诉讼法》第 122 条规定，原告在起诉时应当有明确的被告。但在司法实践中，倘若被告不是纠纷利害关系人或被告选择不当，将直接导致人民法院判决原告败诉。这不仅会使原告无端提高司法成本，也会降低自身的诉讼效率，因此原告在起诉时应当根据案件情况准确地确定被告。为此，我们有必要掌握民事诉讼法解释的相关规定，能够在牵涉诸多民事主体的复杂情形下准确地确定被告。

（三）原告应当有具体的诉讼请求、事实和理由

诉讼请求是原告通过人民法院向被告所主张的具体权利，主要表现为请求被告履行某项具体的义务或者承担具体的民事责任。一般来说，原告提起民事诉讼是在其合法正当权益受到了侵害之后，那么根据原告所遭受损害的民事权利不同，原告在起诉时的诉讼请求也会不同。

公民既享有包括生命健康权、姓名权、肖像权、名誉权、荣誉权、隐私权等在内的人格权，又享有包括配偶权、亲权、亲属权在内的身份权以及物权和债权在内的财产权。因此：

（1）原告因被侵害人格权而提起民事诉讼的，一般可以提出要求被告承担停止侵害、恢复名誉、消除影响、赔礼道歉、赔偿损失、支付精神损害赔偿金等民事责任的诉讼请求。因被侵害身体造成伤害的，原告可以主张要求赔偿医疗费、因误工

减少的收入、残疾者生活补助费；造成死亡的，并可以要求支付丧葬费、死亡赔偿金、死者生前扶养的人必要的生活费等。

（2）原告因身份权与被告发生纠纷的，可以提出确认身份关系、解除身份关系、分割共同财产、赔偿损失等诉讼请求。

（3）因物权的归属、内容发生争议的，原告可以请求确认权利。

（4）因不动产或者动产被无权占有而起诉的，原告可以请求返还原物。

（5）因妨害物权或者可能妨害物权而发生争议的，原告可以请求排除妨害或者消除危险。

（6）造成不动产或者动产毁损的，原告可以请求修理、重作、更换或者恢复原状。

（7）侵害物权，造成原告损害的，原告可以请求损害赔偿，也可以请求承担其他民事责任。

（8）被告不履行合同义务或者履行合同义务不符合约定的，原告可以主张要求被告承担继续履行、采取补救措施或者赔偿损失等违约责任。在履行义务或者采取补救措施后，原告还有其他损失的，还可以要求赔偿损失。

（9）被告未支付价款或者报酬的，原告可以要求其支付价款或者报酬。

（10）争议双方对违约责任没有约定或者约定不明确，依照法律规定仍不能确定的，作为原告的受损害方可以根据争议标的性质及损失的大小，合理选择要求被告承担修理、更换、重作、退货、减少价款或者报酬等违约责任。

（11）当事人既约定违约金，又约定定金的，被告违约时，原告可以选择适用违约金或定金条款作为具体诉讼请求的确定依据。

（四）纠纷应当属于人民法院受理民事诉讼的范围

原告在起诉前，除了考虑被告的确定、诉讼请求及其依据是否清楚、充分外，还需要审查纠纷是否属于人民法院民事诉讼的受案范围。属于行政诉讼受案范围或者双方当事人达成书面仲裁协议申请仲裁的，均不得向人民法院提起民事诉讼。此外，对于在一定期限内不得起诉的案件，在不得起诉的期限内不可起诉，对已有生效判决、裁定、调解书的案件，当事人应当申请再审，而不能再次起诉。

（五）原告应当向有管辖权的人民法院提起诉讼

民事诉讼管辖是为了划分各级人民法院之间和同级各地方人民法院之间受理第一审民事案件的分工和权限。倘若原告在起诉时不清楚自己欲起诉的法院对自己所涉纠纷究竟有没有管辖权，那么将影响到纠纷解决的效率。我国民事诉讼法的管辖制度包括级别管辖、地域管辖、专属管辖、协议管辖以及裁定管辖，其中级别管辖和地域管辖是最基本的管辖制度。原告在起诉前，应当根据这些规定，既要从级别管辖上确定自己所涉案件应当由四级法院中哪一级人民法院管辖，又要从地域管辖上确定自己所涉案件应当由同一级人民法院中的哪一个人民法院管辖。

除此之外，对于那些已经约定协议管辖的案件或者属于专属管辖的案件，原告在起诉前也应当予以明确。倘若双方当事人对人民法院的管辖问题发生争议，无论是原告或者是被告，都可以通过人民法院裁定管辖来进行确定。因此，为避免将来因管辖争议浪费诉讼成本，原告在起诉前应当慎重选择管辖法院。

（六）原告应当提供符合上述起诉条件的相应证据材料

根据《最高人民法院关于民事诉讼证据的若干规定》第1条的规定，原告在起诉时，应当首先对前述五个起诉条件一一进行审查，确定自己所涉纠纷是否符合起诉的条件。在此基础上，还应对照这五个条件准备相应的证据材料，证明自己符合起诉的条件。这些证据材料，原告在起诉时应当一并提交人民法院。

对原告自身的身份证明，应当提交身份证或营业执照。如果掌握能证明被告身份的证据材料的，也应当提交。此外，原告还应当围绕所涉纠纷提交自己所掌握的证据材料，供人民法院在立案时审查是否符合民事诉讼受案范围、受案法院管辖等起诉条件。

二、起诉状的制作

《民事诉讼法》第123条第1款规定，起诉应当向人民法院递交起诉状，并按照被告人数提出副本。根据前述规定，原告在向人民法院提起民事诉讼时，原则上应当采用书面的方式起诉。因此，原告在掌握起诉应当具备的条件后，还应当知道如何撰写民事起诉状。

按照《民事诉讼法》第124条的要求，起诉状应当记明下列事项：当事人的姓名、性别、年龄、民族、职业、工作单位、住所、联系方式，法人或者其他组织的名称、住所和法定代表人或者主要负责人的姓名、职务、联系方式；诉讼请求和所根据的事实与理由；证据和证据来源，证人姓名和住所。具体来讲，起诉状包括首部、正文、尾部三个部分。

（一）首部

文书名称。在首页正上方居中写明"民事起诉状"。

当事人的基本情况：

（1）当事人是自然人的，分别写明原告、被告的姓名、性别、出生日期、民族、职业、工作单位、住所、联系方式。原告是无民事行为能力或者限制民事行为能力人的，应当写明法定代理人姓名、性别、出生日期、民族、职业、工作单位、住所、联系方式，在诉讼地位后括注与原告的关系。如果被告为无民事诉讼行为能力人、限制民事行为能力人，其监护人应当作为共同被告列明。

（2）当事人是法人或其他组织的，应写明其全称、住所，法定代表人或主要负责人姓名、职务、联系方式等项内容。

（3）原告或者其法定代理人起诉时已经委托了诉讼代理人的，应在委托人之后写明诉讼代理人的姓名等基本情况。诉讼代理人为律师的，应当写明律师的姓名和其所在的律师事务所名称。

（4）原告在起诉状中直接列写第三人的，还应当写明第三人的基本情况，视为其申请人民法院追加该第三人参加诉讼。是否通知第三人参加诉讼，由人民法院审查决定。

（5）如果有数个原告、被告、第三人的，则依据他们在案件中的地位和作用，由重到轻依次排列。

（二）正文

（1）诉讼请求。诉讼请求是民事纠纷当事人通过人民法院向对方当事人所主张的具体权利，在起诉状中原告向法院提出的诉讼请求应当结合纠纷的实际情况，将被告应承担的民事责任明确化、具体化。

（2）事实和理由。这是民事起诉状的核心部分，在这一部分应写明请求人民法院裁决纠纷和争议的事实依据和法律依据。

首先，应针对诉讼请求，客观、准确地阐明当事人双方争议的事实或被告侵权的事实，当事人之间发生纠纷的原因和民事权益争执的具体内容，与案件有直接关联的客观事实以及双方对问题处理的实质性分歧意见。在叙述事实时应抓住重点并围绕诉讼请求这一主题展开叙述和分析论证，并注意详略得当、层次分明。

其次，依据事实分析双方纠纷的性质，在此基础上指出被告的行为给自己造成的危害结果、危害程度，被告因此所获得的利益以及原告因此所遭受的损失等。

再次，运用相关的法律规定和法学原理，阐述诉讼请求的正当性与合法性以及被告所应承担的责任。

最后，以相关法律的具体规定为依据，请求人民法院依法判决。要注意引用的法律条文必须准确、全面。

（三）尾部

（1）写明致送人民法院的名称，注意应写明人民法院的全称。

（2）起诉状应由起诉人本人签名并捺印。起诉人是法人或其他组织的，应加盖公章，并由法定代表人或主要负责人签名。

（3）注明提起诉讼的年、月、日。

民事起诉状的具体样式，见右侧二维码。

三、案件的受理

原告到人民法院立案，除了需要提交相应份数的民事起诉状，还需要提交原告本人的身份证复印件、法人或其他组织的营业执照或组织机构代码证复印件等，相应份数的证据材料复印件。倘若是由诉讼代理人代为立案的，还需要向人民法院提交委托人的授权委托书、诉讼代理人的执业证复印件和执业机构证明材料。

（一）立案登记

人民法院立案部门在接收起诉材料后，应在7日内进行审查。经过形式审查，对不符合法律规定起诉条件的，人民法院应制作不予受理裁定书，并送达当事人，具体内容详见本书第一章第三节；也可以当场予以释明，要求原告补充材料后再行起诉。认为符合起诉条件的，人民法院应填写受理案件通知书，并送达原告，同时向原告送达诉讼费缴纳单，要求原告预交诉讼费用。填写受理案件通知书需要注意当事人要填写正确，特别是原告是法人或其他组织的，应填写法人或其他组织的全称，而不应填写为法定代表人或主要负责人的姓名。原告有多人的，原则上每人填写一份。受理案件通知书的样式，见右侧二维码。

（二）填写案号

人民法院立案部门还应确定案件的案号。案号是用于区分各级法院办理案件的类型和次序的简要标识，其基本要素为收案年度、法院代字、类型代字、案件编号，编排规格为："（收案年度）＋法院代字＋类型代字＋案件编号＋号"。收案年度是收案的公历自然年，用阿拉伯数字表示。法院代字是案件承办法院的简化标识，用中文汉字、阿拉伯数字表示，最高人民法院为我国范围内每个法院均设定了唯一的法院代字。类型代字是案件类型的简称，民事一审案件（包含普通程序和简易程序）表示为"民初"，人民法院民事诉讼一审程序中所有文书案号中的类型代字均为"民初"，下文不再详述。案件编号是收案的次序号，用阿拉伯数字表示。

每个案件编定的案号均应具有唯一性。

（三）确定案由

民事案件案由应当依据当事人主张的民事法律关系的性质来确定。鉴于具体案件中当事人的诉讼请求、争议的焦点可能有多个，争议的标的也可能是多个，为保证案由的高度概括和简洁明了，对民事案件案由的表述方式原则上应当为"法律关系性质"加"纠纷"，一般不再包含争议焦点、标的物、侵权方式等要素。但是，考虑到当事人诉争的民事法律关系的性质具有复杂性，为了更准确地体现诉争的民事法律关系，对少部分案由也依据请求权、形成权或者确认之诉、形成之诉的标准进行确定，对少部分案由也包含争议焦点、标的物、侵权方式等要素。

案由按其编排体系分为四级。第一级案由包括人格权纠纷，婚姻家庭继承纠纷，物权纠纷，合同、准合同纠纷，知识产权与竞争纠纷，劳动争议、人事争议，海事海商纠纷，与公司、证券、保险、票据等有关的民事纠纷，侵权责任纠纷，非讼程序案件案由，特殊诉讼程序案件案由共十一大部分。

在第一级案由项下，细分为54类案由，作为第二级案由；在第二级案由项下列出了473种案由，作为第三级案由，即司法实践中最常见和广泛使用的案由；在部分第三级案由项下又列出了一些第四级案由。人民法院立案时应当根据当事人诉争法律关系的性质，首先应适用第四级案由；第四级案由没有规定的，适用相应的第三级案由；第三级案由中没有规定的，适用相应的第二级案由；第二级案由没有规定的，适用相应的第一级案由。当事人提出的诉讼请求涉及多项法律关系的，可同时并列两个以上的同级案由。

（四）网上立案

网上立案是指人民法院通过网络接收诉讼案件起诉状及相关起诉材料，并对这些材料进行在线审查的一种便民司法程序。当事人可以足不出户，直接通过人民法院网上诉讼服务平台提起诉讼。目前，一审民商事案件、申请执行的案件可以申请"网上立案"，原告、律师、其他诉讼代理人均可以进行申请。其大体操作步骤是：

首先，打开人民法院网上立案服务平台，一般需要通过受诉法院所属省的人民法院网上诉讼服务平台进入，各地该平台的叫法也不尽相同，例如河北省称为"河北电子法院"。

其次，找到"网上立案"选项点击进入登录页面，首次进行申请网上立案的，需要注册账号，账号注册成功后返回登录页面进行登录；账号有个人账号和企业账号，有的平台还设有律师专用通道，律师可凭执业证书编号进入登录页面。

最后，进入登录页面后，选择"我要立案"，然后选择"预约法院"。预约法院即受理该案件的人民法院，当事人在选择人民法院时应注意其一定要有管辖权，否则将会造成网上立案不成功。然后根据提示填写起诉材料、证件材料、证据材料，或者将这些材料通过电子形式上传，证据材料等可拍照上传。完成后点击"确认提交"，申请"网上立案"程序即告完成。

人民法院对于网上立案申请同样应遵循在 7 日内完成审查起诉的规定，申请人可通过网络查看申请是否通过。如果申请审核通过，则申请人应通过邮寄方式将申请材料寄到受诉人民法院，若申请审核未通过，则申请人可以重新申请。

四、答辩

（一）通知被告应诉

案件立案后，人民法院立案庭应将案件的全部材料移交给审判庭。审判庭应组成合议庭，在立案之日起 5 日内，填写应诉通知书，与起诉状副本一起送达被告。应诉通知书的填写方法与受理案件通知书相同，被告有多人的，原则上单独填写，每人一份。应诉通知书具体样式，见右侧二维码。

（二）答辩状的制作

《民事诉讼法》第 128 条规定，被告应当在收到起诉状副本之日起 15 日内提出答辩状。根据该规定，被告在收到原告起诉材料后，应当在应诉通知书所指定的答辩期间内向人民法院提交答辩状。被告在中华人民共和国领域内没有住所的，应当在收到起诉状副本后 30 日内提出答辩状。

虽然民事诉讼法规定不提交答辩状不影响人民法院的审理，但是被告提交答辩状将有利于人民法院确定争议焦点，提高诉讼效率，所以在能够撰写答辩状的情况下，仍然应当针对原告所提出的诉讼请求提交答辩意见。人民法院应当在收到答辩状之后，于 5 日内将答辩状副本送达原告。

民事诉讼法明确规定，答辩状应当记明被告的姓名、性别、年龄、民族、职业、工作单位、住所、联系方式；法人或者其他组织的名称、住所和法定代表人或者主要负责人的姓名、职务、联系方式。因此，被告在制作答辩状的时候应当按照法定格式进行。

1.首部

（1）在首页正上方居中写明文书名称"民事答辩状"。

（2）答辩人的基本情况：答辩人是公民的，写明姓名、性别、出生日期、民族、工作单位、职业、住所、联系方式；答辩人是法人或其他组织的，应写明其全称、住所、法定代表人或者主要负责人的姓名、职务、联系方式等事项。答辩时已经委托诉讼代理人的，应当写明委托诉讼代理人基本信息。

2. 正文

（1）答辩意见。写明答辩人因原告提起何种案由的起诉提出答辩，请求人民法院驳回原告的全部诉讼请求还是部分诉讼请求，驳回部分诉讼请求的要写明驳回哪几项具体诉讼请求。

（2）事实与理由。本部分为答辩状的核心内容，可以从以下几个方面进行答辩：

首先，针对起诉状中陈述事实方面进行答辩，指明对方陈述的不实之处，可根据实际情况部分否定或全部否定，并通过相应的证据支持自己的主张，揭露对方所提供证据的不真实、不合法或与本案不具有关联关系，从而否定对方证据的证明力。

其次，针对起诉状中的诉讼请求、陈述的理由方面进行答辩，对此可根据案由的性质以及自己所掌握的事实证据，并根据相关的法律规定进行论证驳斥或据理力争。

最后，对自己的观点进行归纳，并作总结性发言。

3. 尾部

（1）写明致送人民法院的名称。

（2）答辩人应当本人签名并捺印。答辩人是法人或其他组织的，应加盖单位公章并由法定代表人或负责人签名。

（3）注明文书提交的年、月、日。

（4）附项。写明本答辩状副本份数；列明证据名称、数量以及证人的姓名、住址及联系方式。

民事答辩状具体样式，见右侧二维码。

第二节　审理前的准备

本节实训任务

了解人民法院和当事人在审理前准备阶段应当进行的工作内容，制作和填写各种文书。

审理前的准备，是指人民法院和当事人在民事案件受理后至开庭审理之前这个阶段，依法所进行的一系列诉讼活动。这些准备工作应当围绕开庭审理而展开。做好审理前的准备工作，既有利于当事人充分实现自己的诉权，又有利于人民法院提高诉讼的效率。

一、当事人的审理前准备工作

当事人在开庭审理前的准备工作是否充分，直接影响甚至决定着他们在开庭审理过程中所处态势，因此，当事人应当好好利用开庭审理前的准备阶段，围绕影响庭审的各个环节开展准备工作。无论是对原告还是对被告来说，首要任务就是调查收集以及向人民法院提交证据材料。关于如何调查收集证据材料以及如何整理证据材料，制作证据清单或证据目录，详见第二章。

（一）当事人行使诉讼权利

当事人在审理前准备阶段可以根据自身所涉案件情况，灵活行使诉讼权利：

（1）倘若当事人认为自己所涉案件的审判人员存在应当回避的情形，在审理前准备阶段可以向人民法院提出回避申请。

（2）倘若当事人认为受理案件的人民法院对自己所涉案件没有管辖权，在审理前准备阶段可以向人民法院提出管辖权异议，管辖权异议的具体程序详见本书第一章第一节。

（3）倘若当事人认为自己所涉案件权利义务关系明确，事实清楚，为提高诉讼效率，在审理前准备阶段可以向人民法院申请庭前调解。

（4）倘若当事人认为需要增加或变更诉讼请求，提起反诉，申请追加当事人的，在审理前准备阶段可以向人民法院提出申请。

（二）当事人委托诉讼代理人

当事人因民事诉讼案件委托诉讼代理人的，需要与诉讼代理人签订委托代理合同。需要注意的是，授权委托书是诉讼代理人代理当事人参与民事诉讼的权限来源，无论是代理当事人进行证据材料的调查收集或是代理当事人向人民法院提交材料，均需要携带、出示或提交。因此，诉讼代理人在与当事人签订授权委托书时务必明确诉讼代理人代理的案件名称、代理权的期限以及代理权限。如果代理权限为特别授权时，还需申明代理人有"代为承认、放弃、变更诉讼请求，进行和解，提起反诉或者上诉"的权利。关于代理权的期限，应对照下列不同情形分别填写：

（1）诉讼代理人仅代理当事人参与第一审程序的，应当在授权委托书中载明"担任原告 / 被告 / 第三人的一审代理人"或"代理至一审程序终结"；

（2）诉讼代理人仅代理当事人参与第二审程序的，应当在授权委托书中载明"担任原告 / 被告 / 第三人的二审代理人"或"代理至二审程序终结"；

（3）诉讼代理人代理当事人参与一、二审程序的，应当在授权委托书中载明"代理至本案终审之日止"；

（4）诉讼代理人代理当事人申请再审的，因再审程序分为申请再审和裁定再审两个阶段，而往往很多案件因申请再审理由不充分被驳回，所以对于再审案件的代理，诉讼代理人在与当事人商定具体的代理权限时应当格外慎重，明确代理权限是"代理申请再审"还是"代理至再审程序终结"为止。

按照民事诉讼法的规定，当事人可以委托 1~2 人作为诉讼代理人。委托 2 人同时作为诉讼代理人的，无需分别制作授权委托书，但应分别写明诉讼代理人的姓名、工作单位、职务。如果诉讼代理人是当事人的近亲属或职工的，应写明与当事人的关系。每人的代理权限也应分别写明。授权委托书具体样式，见右侧二维码。

除授权委托书外，律师还应提交律师执业证、律师事务所证明材料；基层法律服务工作者应当提交法律服务工作者执业证、基层法律服务所出具的介绍信以及当事人一方位于本辖区内的证明材料；当事人的近亲属应当提交身份证件和与委托人有近亲属关系的证明材料；当事人的工作人员应当提交身份证件和与当事人有合法劳动人事关系的证明材料；当事人所在社区、单位推荐的公民应当提交身份证件、推荐材料和当事人属于该社区、单位的证明材料；有关社会团体推荐的公民应当提交身份证件、社会团体登记证或依法免予登记设立证明、被代理人属于该社会团体的成员，或者当事人一方住所地位于该社会团体的活动地域证明、社会团体章程、被推荐的公民是该社会团体的负责人或者与该社会团体有合法劳动人事关系的工作人员证明。

如果当事人为无诉讼行为能力人的，应由其监护人作为法定代理人进行诉讼。法定代理人应向人民法院提交其身份证明以及与被代理人的关系证明。

（三）诉讼代理人撰写代理词

代理词是指民事诉讼中的诉讼代理人接受民事纠纷当事人或其他法定代理人的委托，在法律规定和被代理人授权范围内为维护被代理人的合法权益，而在法庭辩论阶段所作的系统性发言或递交的书面意见。代理词可以分为一审、二审和再审代理词，还可以分为原告方代理词、被告方代理词、上诉方代理词、被上诉方代理词。在审理前准备阶段，诉讼代理人重要的工作之一就是就本案的事实认定和法律适用撰写法律意见，供开庭审理时发表。

代理词的撰写格式应遵循以下要求。

（1）首部。写明称呼语"审判长和审判员"。

（2）序言。向法庭说明出庭代理的合法性依据，如"根据《民事诉讼法》第58条的规定，我经某律师事务所的指派，担任某某的诉讼代理人"，也可以表明对本案的基本态度，如"我认为，原告起诉的事实清楚、证据确凿，法院对其诉讼请求应予支持"。

（3）正文。正文是代理词的主体部分，是诉讼代理人为维护委托人的合法权益和履行法定职责所作的主旨阐述。应该从起诉状、上诉状或裁判文书所认定的本案事实和证据出发，根据法律规定，阐述和论证代理意见。

民事诉讼代理词的内容应综合考虑案件的性质、审理程序等因素来加以确定和进行撰写。诉讼代理人在撰写代理词时，可以从以下方面进行阐述和论证纠纷事实，提供相关证据加以支持，并根据委托人的诉讼地位不同，对阐述和论证的侧重点有所不同：

原告方的代理词以起诉状为基础，重点陈述和分析事实，并根据当事人双方权利义务关系，阐述和论证诉讼请求的合法性和正当性。二审中的上诉方代理词则以一审裁判文书为基础，针对原审裁判和对方意见进行分析辩驳，分析和论证己方意见。

而被告方或被上诉方代理词则应通过对原告或上诉人的起诉或上诉请求及事实

理由进行分析、评判和反驳。这部分内容的撰写应当坚持实事求是，从案情的实际情况出发，提出合理的主张、意见与要求，也可以在辩明事实和分清责任的基础上提出能为各方当事人所接受的解决办法或建议。当然，代理词的内容应严格限于当事人的授权范围内，不可超越当事人的授权范围发表代理意见。

（4）尾部：需要撰写代理词的诉讼代理人亲笔签名。

二、人民法院的审理前准备工作

人民法院在审理前准备阶段主要进行以下几个方面的工作：

（一）追加当事人和通知第三人参加诉讼

根据民事诉讼法的相关规定，人民法院在开庭审理前发现必须共同进行诉讼的当事人没有参加诉讼的，人民法院应当通知其参加。有独立请求权的第三人申请参加诉讼的，人民法院应当通知其参加。对当事人双方的诉讼标的虽然没有独立请求权，但案件处理结果同他有法律上的利害关系的人，可以依申请或者人民法院依职权通知其作为无独立请求权的第三人参加诉讼。当事人死亡的，人民法院应当通知其继承人参加诉讼。企业法人未依法清算即被注销的，人民法院应当通知该企业法人的股东、发起人或者出资人参加诉讼。无民事行为能力人或限制民事行为能力人事先没有确定监护人或有监护资格的人协商确定不成的，人民法院可以指定其中一人为诉讼中的法定代理人参加诉讼。当事人没有法律规定的监护人的，人民法院可以指定法律规定的有关组织担任诉讼中的法定代理人。当事人一方人数众多在起诉时不确定，当事人推选不出代表人且协商不成的，人民法院可以在起诉的当事人中指定代表人参加诉讼。因此，人民法院应当在审前准备阶段对应当参加诉讼的诉讼参加人进行审慎审查，倘若遗漏必须参加诉讼的当事人，将会导致案件的错判或漏判。

（二）送达有关诉讼文书，告知有关诉讼事项

1. 诉讼权利义务告知书

根据《民事诉讼法》第 129 条的规定，人民法院在向当事人送达受理案件通知书、应诉通知书、参加诉讼通知书时，可以一并送达诉讼权利义务告知书。诉讼权利义务告知书样式，见右侧二维码。

2. 合议庭组成人员通知书

一审普通程序，基层人民法院审理的基本事实清楚，权利义务关系明确的案件，可以由审判员一人独任审判，其他案件以及中级以上人民法院审理的案件，应

适用合议制进行审理。合议庭组成人员确定后，为保障当事人申请回避的权利，应当通过诉讼文书通知当事人。在司法实践中，也可以在受理案件通知书、应诉通知书、参加诉讼通知书等文书中一并通知。合议庭组成人员通知书样式，见右侧二维码。

3. 举证通知书

举证通知书应当送达各方当事人。举证通知书中的举证期限可以由当事人协商，并经人民法院准许，也可以由人民法院确定。人民法院确定举证期限的，第一审普通程序案件不得少于 15 日。举证期限届满后，当事人对已经提供的证据，申请提供反驳证据或者对证据来源、形式等方面的瑕疵进行补正的，人民法院可以酌情再次确定举证期限，该期限不受上述规定的限制。举证通知书样式，见右侧二维码。

4. 送达地址确认书及送达回证

诉讼中，人民法院需向当事人送达各种诉讼文书，因此，人民法院应首先确定送达地址。确定的方式为要求当事人填写送达地址确认书。送达地址确认书由两部分组成：第一部分为表格，包括案件、案号、告知事项、送达地址及方式、受送达人确认、备注、法院工作人员签名等内容，由人民法院和当事人共同填写完成。人民法院应填写案件、案号，当事人填写送达地址及方式，对于填写的内容，当事人要在签字栏进行签字确认。特别是对于是否同意采用电子方式送达，当事人要专门予以确认。第二部分为文字内容，主要告知当事人有关送达地址、送达方式和送达效力的法律规定。

送达回证是人民法院按照法定格式制作的，用以证明完成送达行为的书面凭证。内容包括案号、案由、送达文书名称和件数、受送达人、送达地址、受送达人签名或者盖章及日期、代收人及代收理由、备考等。送达诉讼文书必须有送达回证，但是可以采用传真、电子邮件等能够确认其收悉的方式送达以及公告送达的除外。如果同时送达多种诉讼文书，在送达回证中的"送达文书名称和件数"栏中分别写明文书的名称和件数。受送达人是单位的，受送达人签名或者盖章栏内应注明收件人身份。非直接送达的，在"备考"栏记明送达方式。送达地址确认书及送达回证的样式，见右侧二维码。

（三）组织证据交换

对于证据较多或复杂疑难案件，人民法院应当在审理前准备阶段组织双方当事人进行证据交换。在证据交换过程中，审判人员对当事人无异议的事实、证据应当记录在卷，开庭时不再组织质证；对有异议的证据，则按照需要证明的事实分类记录在卷，并记载异议的理由。证据交换的过程，书记员应制作笔录，并由双方当事人签字确认。证据交换的进行详见本书第三章。

（四）进行庭前调解

根据《民事诉讼法》第 136 条的规定，在征得当事人各方同意后，人民法院可以在开庭前进行调解。因此，在审理前准备阶段，人民法院可以在征得双方当事人同意的情况下组织庭前调解。

第三节　模拟开庭

本节实训任务

实际演练开庭审理过程，完成开庭准备、法庭调查、法庭辩论、合议庭评议、宣判等各诉讼参与人的具体任务，遵守相关行为规范，制作庭审笔录。

模拟开庭是集中各民事诉讼参与人、整合多种诉讼能力的全方位展现。根据民事诉讼法的规定，开庭审理的程序是：开庭审理的准备、法庭调查、法庭辩论、合议庭评议、宣判。

一、开庭准备

开庭审理的准备，是指人民法院为开庭进入实体审理所进行的预备活动。

1. 人民法院确定开庭审理的时间和地点后，应当在开庭前 3 日传唤当事人和通知诉讼代理人、证人、鉴定人、勘验人、翻译人等诉讼参与人，同时应当为外地当事人和诉讼参与人留有必要的在途时间。传唤当事人应填写传票，传票有两联组成：一联为存根，订卷时存卷；一联送达被传唤人，由被传唤人开庭时携带至人民法院报到。两联的基本内容相同，包括案号、案由、被传唤人、住所、传唤事由、应到时间、到达处所等内容。不同的是存根联有备考项，用于无法直接送达时填写其他送达方式及过程等，送达被传唤人联有注意事项项，用于通知当事人收到传票的注意事项，可由人民法院视案件具体情况斟酌填写。通知其他诉讼参与人填写出庭通知书，但是，因证人身份的特殊性，所以通知证人出庭作证的通知书中应载明证人的权利和义务，通知诉讼代理人、鉴定人、勘验人、翻译人员的出庭通知书仅告知其开庭时间及地点即可。三种文书的样式见右侧二维码。

2. 发布开庭公告。凡是公开审理的案件，人民法院应当在开庭之前进行公告。公告的内容有当事人、案由、开庭的时间和地点。公告应张贴于人民法院的公告栏。具体样式见右侧二维码。

3. 核对当事人和其他诉讼参与人的到庭情况。开庭之前，应由书记员查明当事人和其他诉讼参与人是否到庭，然后报告审判长。审判长应根据具体情况作出决定开庭，或者延期审理。

按时开庭审理的，由书记员向当事人、其他诉讼参与人以及旁听群众宣布法庭纪律。依照《中华人民共和国人民法院法庭规则》，书记员宣读的法庭纪律主要内容有：

（1）当事人及其诉讼代理人和旁听人员必须听从审判长或独任审判员的指挥。

（2）审判人员进入法庭和审判长或独任审判员宣告法院裁判时，全体人员应当起立。

（3）开庭时，当事人及代理人以及旁听人员须关闭手提电话以及其他通信用具。

（4）法庭内不得抽烟。

（5）旁听人员必须遵守下列纪律：

① 不得录音、录像和摄影；

② 不得随意走动和进入审判区；

③ 不得发言、提问；

④ 不得鼓掌、喧哗、哄闹和实施其他妨害审判活动的行为。

（6）新闻记者旁听应遵守本规则，未经审判长或独任审判员许可，不得在庭审过程中录音、录像和摄影。

（7）对于违反法庭纪律的人，审判长或独任审判员可以口头警告、训诫，也可以没收录音、录像和摄影器材，责令退出法庭或者经院长批准予以罚款、拘留。对于严重扰乱法庭秩序构成犯罪的，依法追究刑事责任。

书记员宣读完以上法庭纪律后，接着请全体起立，请审判长、审判员、人民陪审员入庭。审判人员入庭后，书记员报告审判长有关双方当事人及委托代理人到庭的情况。

审判长请全体坐下，然后敲击法槌、宣布开庭。在此阶段，由审判长或独任审判员核对当事人及其诉讼代理人，宣布案由，告知当事人有关的诉讼权利义务，宣布合议庭人员和书记员名单，询问当事人是否申请回避。当事人在此期间提出回避申请的，应按回避制度的有关规定处理。人民法院一时无法决定的，应当决定延期审理。

二、法庭调查

法庭调查，是指人民法院依法定程序，在法庭上向当事人和其他诉讼参与人调查案情，审查核实各种证据的活动。法庭调查的任务是：听取当事人对案情的陈述，听取证人的证言，出示各种证据，全面审查核实证据，查明案件真相。

依照民事诉讼法的规定，法庭调查按下列顺序进行。

1. 当事人陈述

法庭调查首先由当事人对自己的诉讼请求及其所根据的事实和理由加以陈述，具体按原告、被告、第三人及其诉讼代理人的先后顺序进行陈述。在各当事人陈述之后，合议庭应当组织当事人围绕整理的争议焦点进行其他证据的调查。人民法院认为有必要的，可以要求当事人本人到庭，就案件有关事实接受询问。在询问当事人之前，可以要求其签署保证书。保证书应当载明据实陈述、如有虚假陈述愿意接受处罚等内容。当事人应当在保证书上签名或者捺印。负有举证证明责任的当事人拒绝到庭、拒绝接受询问或者拒绝签署保证书，待证事实又欠缺其他证据证明的，人民法院对其主张的事实不予认定。当事人保证书见右侧二维码。

2. 证人出庭作证

根据民事诉讼法规定，凡是知道案件情况的单位和个人，都有义务出庭作证。有关单位的负责人应当支持证人作证。待证事实与其年龄、智力状况或者精神健康状况相适应的无民事行为能力人和限制民事行为能力人，可以作为证人。不能正确表达意思的人，不能作证。

审判人员可以对证人进行询问。当事人及其诉讼代理人经审判人员许可后可以询问证人。当事人及其诉讼代理人对证人的询问与待证事实无关，或者存在威胁、侮辱证人或不适当引导等情形的，审判人员应当及时制止。询问证人时，其他证人不得在场。人民法院认为有必要的，可以要求证人之间进行对质。

人民法院在证人出庭作证前应当告知其如实作证的义务以及作伪证的法律后

果，并责令其签署保证书，但无民事行为能力人和限制民事行为能力人
除外。证人确有正当理由不能宣读保证书的，由书记员代为宣读并进行
说明。证人拒绝签署保证书的，不得作证。证人保证书样式见右侧二
维码。

3. 出示书证、物证、视听资料和电子数据

书证应当当庭宣读，物证应当当庭展示，视听资料应当当庭播放，电子数据应
当当庭演示，并由当事人相互质证。

4. 宣读鉴定意见

鉴定意见要当庭宣读。当事人对鉴定意见有异议或者人民法院认为鉴定人有必
要出庭的，鉴定人应当出庭，对于鉴定意见的形成过程、科学根据等加以说明。经
人民法院通知，鉴定人拒不出庭作证的，鉴定意见不得作为认定事实的根据。经法
庭许可，当事人及其诉讼代理人可以向鉴定人发问。当事人对鉴定意见存在疑问
的，有权申请重新鉴定。

5. 宣读勘验笔录

勘验笔录由法庭当庭宣读，如有照片或图表应当当庭出示。经法庭许可，当事
人可以询问勘验人。当事人对勘验结果有疑问的，有权申请重新勘验。

根据民事诉讼法的规定，案件中所涉及的证据，必须经过当事人的相互质证。
合议庭在当事人质证的基础上，对证据的真实性、关联性、合法性及证明力加以认
定。未经过庭审质证的证据材料不能作为法院裁判的根据。

法庭调查结束前，审判长或独任审判员应当就法庭调查认定的事实和当事人争
议的问题进行归纳总结。然后，由审判长或独任审判员宣布法庭调查结束，进入法
庭辩论阶段。

三、法庭辩论

法庭辩论，是指当事人及其诉讼代理人就案件事实、是非责任以及适用法律向
法庭阐明各自的观点，并就有争议的问题进行言词辩论的活动。审判长对法庭辩
论的焦点进行归纳，询问当事人双方的意见，之后围绕本案争议的焦点问题进行
辩论。其顺序是：（1）原告及其诉讼代理人发言；（2）被告及其诉讼代理人答辩；
（3）第三人及其诉讼代理人发言或者答辩；（4）互相辩论。第一轮一般为书面辩
论，诉讼代理人宣读代理词，后面的辩论为口头辩论，由审判长指挥，依次发言。

在当事人没有新的辩论意见时，审判长宣布法庭辩论终结。法庭辩论终结时，

审判长或独任审判员按照原告、被告、第三人的先后顺序征询各方的最后意见。

法庭辩论终结后，合议庭还可以听取双方当事人是否同意调解的意见，双方同意调解的，进行调解。调解成功，双方当事人达成调解协议的，人民法院应根据调解协议的内容制作民事调解书，不再判决。民事调解书应当写明诉讼请求、案件事实和调解结果。调解协议的内容不得违反法律规定。诉讼请求和案件事实部分的写法力求简洁、概括，可以不写审理过程及证据情况。此外，诉讼中当事人自行和解达成协议请求人民法院确认、人民法院委托有关单位主持调解达成协议由人民法院确认后，也可参照此格式制作民事调解书。民事调解书具体样式见右侧二维码。

当事人不同意调解或者调解不成的，人民法院应当宣布休庭，敲击法槌。

法院调解不是民事一审程序的必经程序，只有双方当事人都同意调解的，调解工作才进行。但是按照《民事诉讼法解释》的规定，离婚案件应当进行调解，因此人民法院审理离婚案件，法庭辩论结束后，审判长应直接宣布开始进行调解，无需征求当事人的意见。

四、合议庭评议

合议庭评议，是指法庭辩论结束后，合议庭成员就案件的性质、认定事实、适用法律、是非责任和处理结果进行讨论并作出结论的活动。合议庭评议案件，由审判长主持，实行少数服从多数的原则。合议庭评议应当制作笔录，笔录由书记员制作，其中应详细记载评议的过程、内容和结论。对评议中的不同意见，书记员必须如实记入笔录。合议庭笔录最后由合议庭成员签名。合议庭评议笔录见右侧二维码。

五、宣判

（一）宣判

宣判，是指人民法院就作出的民事判决，向当事人、其他诉讼参与人以及旁听群众进行宣告的活动。开庭审理无论公开与否，宣判一律公开。

模拟法庭一般采用当庭宣判的方式。合议庭评议环节结束后，审判长敲击法槌，宣布继续开庭。审判长或独任审判员宣告（当事人及案由）一案，合议庭经过审理，并进行了评议。当庭宣告裁判内容如下，敲击法槌。书记员要求全体起立，之后审判长或独任审判员宣判。宣判要明确判决结果，必须告知当事人的上诉权利、上诉期限和上诉法院。宣告离婚判决，必须告知当事人在判决发生法律效力之前不得另行结婚。宣读结束后，审判长或独任审判员宣布现在闭庭，敲击法槌。

（二）民事判决书的制作

民事判决书由标题、首部、事实、理由、裁判依据、判决主文、尾部、落款、附录九部分组成，下面分别予以介绍。

1. 标题

标题由法院名称、文书名称、案号组成。依照《民事诉讼法》规定就一部分事实先行判决的，第二份民事判决书开始可在案号后缀"之一""之二"……，以示区别。

2. 首部

首部依次写明诉讼参加人基本情况、案件由来和审理经过。诉讼参加人包括当事人、诉讼代理人。全部诉讼参加人均分行写明。当事人诉讼地位写明"原告""被告"。反诉的写明"原告（反诉被告）""被告（反诉原告）"。有独立请求权第三人或者无独立请求权第三人，均写明"第三人"。

当事人是自然人的，写明姓名、性别、出生年月日、民族、工作单位和职务或者职业、住所。外国人写明国籍，无国籍人写明"无国籍"；港澳台地区的居民分别写明"香港特别行政区居民""澳门特别行政区居民""台湾地区居民"。共同诉讼代表人参加诉讼的，按照当事人是自然人的基本信息内容写明。当事人是法人或者其他组织的，写明名称、住所。另起一行写明法定代表人或者主要负责人及其姓名、职务。

当事人是无诉讼行为能力人的，写明法定代理人或者指定代理人及其姓名、住所，并在姓名后括注与当事人的关系。

当事人及其法定代理人有委托诉讼代理人的，写明委托诉讼代理人的诉讼地位、姓名。委托诉讼代理人是当事人近亲属的，近亲属姓名后括注其与当事人的关系，写明住所；委托诉讼代理人是当事人本单位工作人员的，写明姓名、性别及其工作人员身份；委托诉讼代理人是律师的，写明姓名、律师事务所的名称及律师执业身份；委托诉讼代理人是基层法律服务工作者的，写明姓名、法律服务所名称及基层法律服务工作者执业身份；委托诉讼代理人是当事人所在社区、单位以及有关社会团体推荐的公民的，写明姓名、性别、住所及推荐的社区、单位或有关社会团体名称。

委托诉讼代理人排列顺序，近亲属或者本单位工作人员在前，律师、法律工作者、被推荐公民在后。

委托诉讼代理人为当事人共同委托的，可以合并写明。

案件由来和审理经过，依次写明当事人诉讼地位和姓名或者名称、案由、立案日期、适用普通程序、开庭日期、开庭方式、到庭参加诉讼人员、未到庭或者中途退庭诉讼参加人、审理终结。

不公开审理的，写明不公开审理的理由，如："因涉及国家秘密"或者"因涉及个人隐私"或者"因涉及商业秘密，×××申请"或者"因涉及离婚，×××申请"。

当事人及其诉讼代理人均到庭的，可以合并写明。如："原告×××及其委托诉讼代理人×××、被告×××、第三人×××到庭参加诉讼。"诉讼参加人均到庭参加诉讼的，可以合并写明，如："本案当事人和委托诉讼代理人均到庭参加诉讼。"当事人经合法传唤未到庭参加诉讼的，写明："×××经传票传唤无正当理由拒不到庭参加诉讼。"或者"×××经公告送达开庭传票，未到庭参加诉讼。"当事人未经法庭许可中途退庭的，写明："×××未经法庭许可中途退庭。"

诉讼过程中，如果存在指定管辖、移送管辖、程序转化、审判人员变更、中止诉讼等情形，应当同时写明。

3. 事实

事实部分主要包括：原告起诉的诉讼请求、事实和理由，被告答辩的事实和理由，人民法院认定的证据和事实。

（1）原告诉称包括原告诉讼请求、事实和理由

先写诉讼请求，后写事实和理由。诉讼请求两项以上的，用阿拉伯数字加点号分项写明。诉讼过程中增加、变更、放弃诉讼请求的，应当连续写明。增加诉讼请求的，写明："诉讼过程中，×××增加诉讼请求：……。"变更诉讼请求的，写明："诉讼过程中，×××变更……诉讼请求为：……。"放弃诉讼请求的，写明："诉讼过程中，×××放弃……的诉讼请求。"

（2）被告辩称包括对诉讼请求的意见、事实和理由

被告承认原告主张的全部事实的，写明："×××承认×××主张的事实。"被告承认原告主张的部分事实的，先写明："×××承认×××主张的……事实。"后写明有争议的事实。被告承认全部诉讼请求的，写明："×××承认×××的全部诉讼请求。"被告承认部分诉讼请求的，写明被告承认原告的部分诉讼请求的具体内容。

被告提出反诉的，写明："×××向本院提出反诉请求：1……；2……。"后

接反诉的事实和理由。再另段写明："×××对×××的反诉辩称，……。"

被告未作答辩的，写明："×××未作答辩。"

（3）第三人诉（述）称包括第三人主张、事实和理由

有独立请求权的第三人，写明："×××向本院提出诉讼请求：……。"后接第三人请求的事实和理由。再另段写明原告、被告对第三人的诉讼请求的答辩意见："×××对×××的诉讼请求辩称，……。"无独立请求权第三人，写明："×××述称，……。"第三人未作陈述的，写明："×××未作陈述。"

原告、被告或者第三人有多名，且意见一致的，可以合并写明；意见不同的，应当分别写明。

（4）证据和事实认定

对当事人提交的证据和人民法院调查收集的证据数量较多的，原则上不一一列举，可以附证据目录清单。

对当事人没有争议的证据，写明："对当事人无异议的证据，本院予以确认并在卷佐证。"对有争议的证据，应当写明争议证据的名称及法院对争议证据的认定意见和理由；对争议的事实，应当写明事实认定意见和理由。

争议的事实较多的，可以对争议事实分别认定；针对同一事实有较多争议证据的，可以对争议的证据分别认定。对争议的证据和事实，可以一并叙明；也可以先单独对争议证据进行认定后，另段概括写明认定的案件基本事实，即"根据当事人陈述和经审查确认的证据，本院认定事实如下：……。"对于人民法院调取的证据、鉴定意见，经庭审质证后，按照是否有争议分别写明。

召开庭前会议或者在庭审时归纳争议焦点的，应当写明争议焦点。争议焦点的摆放位置，可以根据争议的内容处理。争议焦点中有证据和事实内容的，可以在当事人诉辩意见之后写明。争议焦点主要是法律适用问题的，可以在"本院认为"部分，先写明争议焦点，再进行说理。

4. 理由

理由应当围绕当事人的诉讼请求，根据认定的事实和相关法律，逐一评判并说明理由。理由部分，有争议焦点的，先列争议焦点，再分别分析认定，后综合分析认定。没有列争议焦点的，直接写明裁判理由。被告承认原告全部诉讼请求，且不违反法律规定的，只写明："被告承认原告的诉讼请求，不违反法律规定。"

就一部分事实先行判决的，写明："本院对已经清楚的部分事实，先行判决。"经审判委员会讨论决定的，在法律依据引用前写明："经本院审判委员会讨

论决定，……。"

5. 裁判依据

在说理之后，作出判决前，应当援引法律依据。

分项说理后，可以另起一段，综述对当事人诉讼请求是否支持的总结评价，后接法律依据，直接引出判决主文。说理部分已经完成，无需再对诉讼请求进行总结评价的，直接另段援引法律依据，写明判决主文。

援引法律依据，应当依照《最高人民法院关于裁判文书引用法律、法规等规范性法律文件的规定》处理。法律文件引用顺序，先基本法律，后其他法律；先法律，后行政法规和司法解释；先实体法，后程序法。实体法的司法解释可以放在被解释的实体法之后。

6. 判决主文

判决主文两项以上的，各项前依次使用汉字数字分段写明。单项判决主文和末项判决主文句末用句号，其余判决主文句末用分号。如果一项判决主文句中有分号或者句号的，各项判决主文后均用句号。

判决主文中可以用括注，对判项予以说明。括注应当紧跟被注释的判决主文。如：（已给付……元，尚需给付……元）；（已给付……元，应返还……元）；（已履行）；（按双方订立的《××借款合同》约定的标准执行）；（内容须事先经本院审查）；（清单详见附件）等等。

判决主文中当事人姓名或者名称应当用全称，不得用简称。金额，用阿拉伯数字。金额前不加"人民币"；人民币以外的其他种类货币的，金额前加货币种类。有两种以上货币的，金额前要加货币种类。

7. 尾部

尾部包括迟延履行责任告知、诉讼费用负担、上诉权利告知。

判决主文包括给付金钱义务的，在判决主文后另起一段写明："如果未按本判决指定的期间履行给付金钱义务，应当依照《中华人民共和国民事诉讼法》第二百六十条规定，加倍支付迟延履行期间的债务利息。"

诉讼费用负担根据《诉讼费用交纳办法》决定。案件受理费，写明："案件受理费……元"。减免费用的，写明："减交……元"或者"免予收取"。单方负担案件受理费的，写明："由×××负担"。分别负担案件受理费的，写明："由×××负担……元，×××负担……元。"

当事人上诉期为15日，在中华人民共和国领域内没有住所的当事人上诉期为

30 日。同一案件既有当事人的上诉期为 15 日又有当事人的上诉期为 30 日的，写明："×××可以在判决书送达之日起十五日内，×××可以在判决书送达之日起三十日内，……。"

8. 落款

落款包括合议庭或独任审判员署名、日期、书记员署名、院印。

合议庭的审判长，不论审判职务，均署名为"审判长"；合议庭成员有审判员的，署名为"审判员"；有助理审判员的，署名为"代理审判员"；有陪审员的，署名为"人民陪审员"。书记员，署名为"书记员"。合议庭按照审判长、审判员、代理审判员、人民陪审员的顺序分行署名。

落款日期为作出判决的日期，即判决书的签发日期。当庭宣判的，应当写宣判的日期。

两名以上书记员的，分行署名。

院印加盖在审判人员和日期上，要求上不压正文，下要骑年盖月、朱在墨上，不偏不斜，保持公正、严肃，文字、国徽必须清晰。人民法院制作的其他法律文书院印加盖要求也是如此，不再详述。

落款应当在同一页上，不得分页。落款所在页无其他正文内容的，应当调整行距，不写"本页无正文"。加盖"本件与原本核对无异"印戳。

9. 附录

附录不是必备要件，确有必要的，才另页附录。

判决书的具体样式，见右侧二维码。

六、庭审笔录

庭审笔录应由书记员当庭记录，必须将法庭审理的全部活动全面、客观、准确地记入笔录，由审判人员和书记员签名。庭审笔录应当当庭宣读，也可以告知当事人和其他诉讼参与人当庭或者在 5 日内阅读。当事人和其他诉讼参与人认为对自己的陈述记录有遗漏或者差错的，有权申请补正。如果不予补正，应当将当事人的申请记录在案。庭审笔录应当由当事人和其他诉讼参与人签名或者盖章。拒绝签名盖章的，记明情况附卷。定期宣判的，需要制作宣判笔录。法庭笔录、宣判笔录见右侧二维码。

本章中所提及的开庭审理的具体流程见本段右侧二维码。

第六章　简易程序的模拟实训

【本章学习目标】

知识目标

理解简易程序的相关知识点，熟悉人民法院适用简易程序审理案件的具体流程，掌握与此相关的具体法律规定。

能力目标

能够熟练掌握人民法院适用简易程序审理案件的具体流程，制作相关法律文书。

素质目标

通过对人民法院适用简易程序审理案件具体流程的掌握和运用，培养公正和效率的品格。

第一节　简易程序的审判流程

本节实训任务

概括简易程序的特点，熟练应用简易程序完成简单民事案件的审理流程。

简易程序，是指基层人民法院及其派出法庭审理第一审简单民事案件所适用的诉讼程序。简易程序是我国民事第一审程序中的一个独立的诉讼程序。

适用简易程序审理民事案件的人民法院，仅限于基层人民法院和它的派出法庭。

适用简易程序审理的民事案件，仅限于事实清楚、权利义务关系明确、争议不大的简单民事案件。

当事人对基层人民法院和它派出的法庭适用普通程序审理的案件，可以通过协商自愿选择适用简易程序，经人民法院审查同意后，可以适用简易程序审理。

当事人就案件适用简易程序提出异议，人民法院经审查，异议成立的，裁定转为普通程序；异议不成立的，裁定驳回。裁定以口头方式作出的，应当记入笔录。

一、起诉与答辩

（一）起诉的方式与内容

《民事诉讼法》规定，对简单的民事案件，原告可以口头起诉。根据《最高人民法院关于适用简易程序审理民事案件的若干规定》（以下简称《简易程序规定》），原告本人不能书写起诉状，委托他人代写起诉状确有困难的，可以口头起诉。所以，依照法律规定，适用简易程序的民事案件，原告起诉有两种方式：一是书面起诉方式；二是口头起诉方式。

原告起诉的内容应包括当事人的基本情况、联系方式、诉讼请求、事实理由及相关证据和证据来源。当事人口头起诉的，人民法院应将上述内容予以准确记录，将相关证据予以登记。人民法院应当将上述记录和登记的内容向原告当面宣读，原告确认无误后应当签名或者捺印。

（二）被告答辩

在简易程序中，被告答辩的方式有两种：口头答辩与书面答辩。根据简易程序规定，双方当事人到庭后，被告同意口头答辩的，人民法院可以当即开庭审理；被告要求书面答辩的，人民法院应当将提交答辩状的期限和开庭的具体日期通知各方当事人，由各方当事人在送达回证上签名或者捺印。

二、审理前准备

（一）庭前的送达

简易程序要求起诉状、答辩状等诉讼文书能够快速有效地送达原告和被告，因此，要求原告起诉或被告答辩时能提供准确的送达地址。根据《简易程序规定》，人民法院按照原告提供的被告的地址或者其他联系方式无法通知被告应诉的，按以下情况分别处理：（1）原告提供了被告准确的送达地址，但人民法院无法向被告直接送达或留置送达应诉通知书的，应当将案件转入普通程序审理；（2）原告不能提供被告准确的送达地址的，人民法院经查证后仍不能确定被告送达地址的，可以以被告不明确为由裁定驳回原告起诉。

被告到庭后拒绝提供自己的送达地址和联系方式的，人民法院应当告知其拒不提供送达地址的后果。经人民法院告知后被告仍不提供的，按下列方式处理：

（1）被告是自然人的，以其户籍登记中的住所或者经常居住地为送达地址；（2）被告是法人或者其他组织的，应当以其在登记机关登记、备案中的住所为送达地址。人民法院应当将上述告知的内容记入笔录。

因当事人自己提供的送达地址不准确、送达地址变更未及时告知人民法院，或者当事人拒不提供自己的送达地址而导致诉讼文书未能被当事人实际接收的，按下列方式处理：（1）邮寄送达的，以邮件回执上注明的退回之日视为送达之日；（2）直接送达的，送达人当场在送达回证上记明情况之日视为送达之日。

（二）举证期限

根据民事诉讼法解释的规定，适用简易程序案件的举证期限由人民法院确定，也可以由当事人协商一致并经人民法院准许，但不得超过 15 日。被告要求书面答辩的，人民法院可在征得其同意的基础上，合理确定答辩期间。

人民法院应当将举证期限和开庭日期告知双方当事人，并向当事人说明逾期举证以及拒不到庭的法律后果，由双方当事人在送达回证上签名或者捺指印。

当事人双方均表示不需要举证期限、答辩期间的，人民法院可以立即开庭审理或者确定开庭日期。

（三）审判组织形式

根据《民事诉讼法》的规定，人民法院适用简易程序审理民事案件时，由审判员一人独任审理。需要说明的是，审判员一人独任审理时，应当由书记员担任记录。

（四）先行调解

人民法院适用简易程序审理案件，应当根据自愿原则进行调解，但对于下列案件在开庭审理时应先行调解：（1）婚姻家庭纠纷和继承纠纷；（2）劳务合同纠纷；（3）交通事故和工伤事故引起的权利义务关系较为明确的损害赔偿纠纷；（4）宅基地和相邻关系纠纷；（5）合伙合同纠纷；（6）诉讼标的额较小的纠纷。但根据案件的性质和当事人的实际情况不能调解或者显然没有调解必要的除外。

调解达成协议并经审判人员审核后，双方当事人同意该调解协议并经双方签字生效的，该调解协议自双方签字之日起发生法律效力。

三、开庭审理

（一）传唤当事人及其他诉讼参与人

适用简易程序审理案件，人民法院可以采取捎口信、电话、短信、传真、电子邮件等简便方式传唤双方当事人、通知证人和送达诉讼文书。应当注意的是，以上述方式发送的开庭通知，未经当事人确认或者没有其他证据足以证明当事人已经收到的，人民法院不得将其作为按撤诉处理和缺席判决的根据。

（二）对当事人诉讼权利义务的告知

在简易程序中，开庭前已经书面或者口头告知当事人诉讼权利义务，或者当事人各方均委托律师代理诉讼的，审判人员除告知当事人申请回避的权利外，可以不再告知当事人其他的诉讼权利义务。对没有委托律师代理诉讼的当事人，审判人员应当对回避、自认、举证责任等相关内容向其做必要的解释或者说明，并在庭审过程中适当提示当事人正确行使诉讼权利、履行诉讼义务，指导当事人进行正常的诉讼活动。

（三）法庭调查和辩论

依照简易程序审理案件，审理程序比较简便。在开庭审理时，审判人员可以根据当事人的诉讼请求和答辩意见归纳出争议焦点，经当事人确认后，由当事人围绕争议焦点举证、质证和辩论。本着简便易行的原则，法院在进行法庭调查、法庭辩论时，可以不按法定顺序进行。虽然简易程序可以采用简便方式审理案件，但应当保障当事人陈述意见的权利。

（四）庭审笔录

尽管是简易程序，书记员也应当将适用该程序审理民事案件的全部活动记入笔录。对于下列事项，应当详细记载：（1）审判人员关于当事人诉讼权利义务的告知、争议焦点的概括、证据的认定和裁判的宣告等重大事项；（2）当事人申请回避、自认、撤诉、和解等重大事项；（3）当事人当庭陈述的与其诉讼权利直接相关的其他事项。

（五）简易程序的审理期限

人民法院适用简易程序审理民事案件，应当在立案之日起3个月内审结。有特殊情况需要延长的，经本院院长批准，可以延长1个月，延长后的审理期限累计不得超过四个月。

四、宣判

人民法院适用简易程序审理民事案件，宣判方式有两种：当庭宣判和定期宣判，除人民法院认为不宜当庭宣判的以外，均应当庭宣判。适用简易程序审理民事案件，宣判的要求可参考第一审普通程序对宣判的规定。

当庭宣判的案件，人民法院应当告知当事人或者诉讼代理人领取裁判文书的期间和地点以及逾期不领取的法律后果，当事人在指定期间内领取裁判文书之日即为送达之日；当事人在指定期间内未领取的，指定领取裁判文书期间届满之日即为送达之日。此外，当事人也可以当庭要求人民法院邮寄送达判决书。当事人因交通不便或者其他原因当庭要求邮寄送达裁判文书的，人民法院可以按照当事人自己提供的送达地址邮寄送达。人民法院根据当事人自己提供的送达地址邮寄送达的，邮件回执上注明收到或者退回之日即为送达之日。

定期宣判的案件，定期宣判之日即为送达之日，当事人的上诉期自定期宣判的次日起开始计算。当事人在定期宣判的日期无正当理由未到庭的，不影响该裁判上诉期间的计算。当事人确有正当理由不能到庭，并在定期宣判前已经告知人民法院的，人民法院可以按照当事人自己提供的送达地址将裁判文书送达给未到庭的当事人。

五、对小额案件审理的特别规定

所谓小额案件，是指当事人争议的标的数额不超过法律规定的一定金钱数额的金钱给付案件。根据《民事诉讼法》规定，基层人民法院和它的派出法庭审理事实清楚、权利义务关系明确、争议不大的简单金钱给付民事案件，标的额为各省、自治区、直辖市上一年度就业人员年平均工资 50% 以下的，适用小额诉讼程序审理。标的额超过各省、自治区、直辖市就业人员年平均工资 50% 但在 2 倍以下的，当事人双方也可以约定适用小额诉讼程序。

人民法院适用小额诉讼程序审理案件时，可以一次开庭审结并且当庭宣判，实行一审终审，当事人不得对小额案件的判决提出上诉。

第二节　简易程序中文书的制作

本节实训任务

1. 制作简易程序中各类文书。

2. 人民法院适用简易程序审理民事案件，对诉讼文书有特别规定的应当适用相关特别规定；没有特别要求的，可参考第一审普通程序对文书的制作格式及内容的要求。

一、简易程序民事判决书

（一）简易程序民事判决书

适用简易程序审理的民事案件，判决书分为当事人对案件事实没有争议时用和被告承认原告全部诉讼请求时用两种格式，具体见右侧二维码。

（二）判决书的简化

适用简易程序审理的民事案件，也应制作完整的裁判文书。但有下列情形之一的，人民法院在制作裁判文书时对认定事实或者判决理由部分可以适当简化：

（1）当事人达成调解协议并需要制作民事调解书的，简易程序用民事调解书见右侧二维码。

（2）一方当事人在诉讼过程中明确表示承认对方全部诉讼请求或者部分诉讼请求的。

（3）当事人对案件事实没有争议或者争议不大的。

（4）涉及自然人的隐私、个人信息，或者商业秘密的案件，当事人一方要求简化裁判文书中的相关内容，人民法院认为理由正当的。

（5）当事人双方一致同意简化裁判文书的。

二、简易程序转为普通程序民事裁定书

基层人民法院在适用简易程序审理过程中发现案件不宜适用简易程序的，应裁定转为普通程序。当事人也可以就案件适用简易程序提出异议，人民法院经审查异议成立，也应转为普通程序。简易程序转为普通程序，人民法院应在审理期限届满前作出裁定。裁定书落款中的审判组织为转为普通程序后的合议庭组成人员。送达本裁定书后，不需要向当事人另行送达确定合议庭组成人员通知书或者变更合议庭组成人员通知书。简易程序中的小额诉讼程序转为普通程序的，也适用此裁定。裁定书的具体样式见右侧二维码。

三、对适用简易程序提出异议的异议书

当事人对人民法院适用简易程序审理案件有异议的，可向人民法院提出异议，并提交异议书。异议书正文包括异议人基本情况、请求事项、事实和理由、致请人

民法院和落款等内容。异议人的基本情况，包括异议人基本信息以及诉讼代理人的信息，在异议人后须括号注明其在简易程序中的诉讼地位。请求事项为请求人民法院对某案（写明当事人和案由）适用普通程序审理。事实和理由部分阐述本案为什么不宜或不能适用简易程序，并指出法律依据。落款为异议人的签名或盖章，以及提出异议的日期。异议书具体样式见右侧二维码。

当事人对案件适用简易程序中的小额诉讼程序有异议，认为应当转为普通程序的，也可参照上述内容制作。

人民法院应当对异议书进行审查，异议成立的，裁定转为普通程序；异议不成立的，口头告知当事人，并记入笔录。

四、小额诉讼程序适用的文书

（一）小额诉讼程序告知书

本样式根据《民事诉讼法》以及《民事诉讼法解释》制定，供基层人民法院受理案件后决定适用小额诉讼程序的，告知当事人小额诉讼程序用。小额诉讼程序告知书，见右侧二维码。

（二）小额诉讼程序转换通知

根据《民事诉讼法解释》的规定，因当事人申请增加或者变更诉讼请求、提出反诉、追加当事人等，致使案件不符合小额诉讼案件条件的，应当适用简易程序的其他规定审理。上述案件，应当适用普通程序审理的，裁定转为普通程序。当事人对按照小额诉讼案件审理有异议的，应当在开庭前提出。人民法院经审查，异议成立的，适用简易程序的其他规定审理；异议不成立的，告知当事人，并记入笔录。小额诉讼转换通知当事人用的诉讼文书见右侧二维码。

（三）驳回起诉裁定书

根据《民事诉讼法》以及《民事诉讼法解释》的规定，基层人民法院在立案受理小额诉讼案件后，发现起诉不符合民事诉讼法规定的起诉条件的，裁定驳回起诉。本裁定一经作出即生效。人民法院审理小额诉讼案件驳回起诉裁定书见右侧二维码。

（四）令状式判决

根据《民事诉讼法》以及《民事诉讼法解释》的规定，基层人民法院适用简易程序中的小额诉讼程序开庭审理民事案件终结后，可以采用令状式判决。令状式判决可以简化，主要记载当事人基本信息、诉讼请求、判决主文等内容。小额诉讼程序令状式判决书见本段右侧二维码。

（五）表格式判决书

基层人民法院适用简易程序中的小额诉讼程序开庭审理民事案件终结后，可采用表格式判决。表格式判决主要记载当事人基本信息、诉讼请求、判决主文等内容。表格式判决书见右侧二维码。

第七章　二审程序的模拟实训

【本章学习目标】

知识目标

理解二审程序的相关知识点，熟悉人民法院适用二审程序审理案件的具体流程，掌握与此相关的具体法律规定。

能力目标

能够熟练掌握人民法院适用二审程序审理案件的具体流程，制作相关法律文书。

素质目标

通过对人民法院适用二审程序审理案件具体流程的掌握和运用，培养追求公平、正义的理念。

第一节　上诉和受理

本节实训任务

制作上诉状，启动二审程序。

二审程序因上诉启动，即民事诉讼上诉人不服地方各级人民法院作出的可上诉的判决、裁定，在法定期限内提出上诉，请求上一级人民法院进行审判，以求撤销或变更原判决、裁定。

一、准备上诉状

上诉人若请求二审，必须递交上诉状。上诉状是上诉人表示不服第一审人民法院裁判，请求第二审人民法院予以撤销或变更的诉讼文书。当事人未在法定期限内递交上诉状的，视为未提出上诉，一审判决即发生法律效力。根据《民事诉讼法》

的规定，上诉状的内容包括：当事人的姓名，法人或其他组织的名称及其法定代表人或主要负责人的姓名、职务等基本情况；原审人民法院的名称，案件编号和案由；上诉的请求和理由；上诉法院等。其格式与民事起诉状基本相同。在列写上诉人及被上诉人的基本情况时，应在其后括号注明其在一审中的诉讼地位。有新证据的，应当在上诉理由之后写明证据和证据来源、证人姓名和住所。上诉状的具体样式见右侧二维码。

二、上诉的途径

根据《民事诉讼法》的规定，当事人提起上诉，原则上应当通过第一审人民法院提出，并按照对方当事人或者代表人的人数提出副本。当事人直接向第二审人民法院上诉的，第二审人民法院应当在 5 日内将上诉状移交原审人民法院。原审人民法院收到上诉状后，应当在 5 日内将上诉状副本送达对方当事人，对方当事人在收到之日起 15 日内提交答辩状。人民法院应当在收到答辩状之日起 5 日内将其副本送达上诉人。原审人民法院收到上诉状、答辩状后，应制作报送上诉案件函，在 5 日内连同全部案卷和证据，报送第二审人民法院。报送上诉案件函应列明移送的具体材料，如有未订入案卷的其他证据材料，应一并移送。如果对方当事人未提交答辩状的，可写明其未提交答辩状，不影响一审人民法院报送第二审人民法院。报送上诉案件函的具体样式见右侧二维码。

三、受理

二审人民法院接到原审人民法院移送的上诉状、答辩状及案卷材料后，应分别向上诉人送达受理案件通知书，向被上诉人和一审中的其他当事人送达应诉通知书。为便于二审审理工作顺利开展，在送达应诉通知书时，应当附当事人送达地址确认书。当事人在二审中诉讼地位相同的，原则上应单独填写。两种文书的具体样式见右侧二维码。

二审人民法院审理案件，案号中案件类型代字为"民终"。人民法院二审中制作的全部文书均延用该类型代字，下文不再详述。

四、预交上诉费

当事人提起上诉，应当在向人民法院提交上诉状时预交诉讼费用，诉讼费用标准按照一审判决确定的标准或者按照上诉请求标的额部分计算。上诉人逾期不预交诉讼费用，又不提出缓交或免交申请的，按自动撤回上诉处理。未交二审案件受理费按撤回上诉处理。民事裁定书样式见右侧二维码。

第二节　开庭审理

本节实训任务

按照二审程序开庭审理的流程完成二审诉讼任务。

一、确定审判组织

人民法院审理第二审民事案件，原则上应由审判员组成合议庭。但是中级人民法院对第一审适用简易程序审结或者不服裁定提起上诉的第二审民事案件，事实清楚，权利义务关系明确的，经双方当事人同意，可以由审判员一人独任审判。有关审判组织的成员，在人民法院发送当事人的受理案件通知书及应诉通知书中已告知，因此不必再单独向当事人送达合议庭成员告知书。

二、开庭审理

第二审人民法院审理上诉案件，首先应当认真审查全部案件材料，在审查第一审案卷材料的基础上，根据案件的具体情况，有重点、有计划地采取调查、询问当事人等方式，进一步查明案情，经过阅卷和调查、询问当事人，在事实核对清楚后，应当决定是否开庭审理。如果合议庭或独任审判员认为需要开庭审理，应确定开庭的时间和地点，并做好开庭前的其他准备工作。根据《民事诉讼法》的规定，第二审人民法院审理上诉案件，除依照第二审程序的规定外，适用第一审普通程序。

第二审人民法院开庭审理上诉案件的，开庭程序与第一审普通程序相同，即应传唤和通知当事人、证人等到庭，进行法庭调查、法庭辩论、法庭调解，然后进行评议并宣告判决或裁定。

当事人在第一审程序中实施的诉讼行为，在第二审程序中对该当事人仍具有拘束力。

当事人推翻其在第一审程序中实施的诉讼行为时，人民法院应当责令其说明理由。理由不成立的，不予支持。

除开庭审理外，第二审人民法院对不需要开庭审理而迳行裁判的上诉案件，可由合议庭或独任审判员对案件事实核实清楚后，直接进行裁判。有关迳行裁判的相关规定及流程，详见本书第一章第四节。

三、二审的审理范围

第二审人民法院应当对上诉请求的有关事实和适用法律进行审查。所谓上诉请求，是指上诉人提出的要求第二审人民法院支持的主张。所谓有关事实和适用法律，是指与上诉请求有关的事实和适用的法律。但是，二审人民法院在审理上诉案件时，如果发现一审判决违反法律禁止性规定，或者损害国家利益、社会公共利益、他人合法权益的，则不受当事人上诉请求的限制。

第三节　裁判与调解

本节实训任务

根据二审案件裁判的相关法律规定正确裁判，制作二审民事判决书、裁定书、民事调解书。

一、对不服第一审判决的上诉案件的裁判

第二审人民法院对不服第一审判决而提起的上诉案件，经过审理，可作出判决，也可作出裁定。

（一）二审判决

二审民事判决书或驳回上诉，维持原判；或撤销原判决，部分或全部改判。判决书的格式与一审民事判决书基本相同，在列写当事人的基本情况时应注意：（1）上诉人在一审诉讼地位有两个的，按照本诉、反诉的顺序列明，中间以顿号分割。例如上诉人（原审被告、反诉原告）。（2）有多个上诉人或者被上诉人的，相同身份的当事人之间，以顿号分割。双方当事人提起上诉的，均列为上诉人。写

明：上诉人×××、×××因与上诉人×××(列在最后的上诉人写明上诉人的身份，用"因与"与前列当事人连接)。原审其他当事人按照一审判决列明的顺序写明，用顿号分割。(3)多个当事人上诉的，按照上诉请求、针对该上诉请求的答辩的顺序，分别写明。如当事人未答辩的，也要写明。

对事实的陈述部分一审认定事实清楚、当事人对一审认定事实问题没有争议的，写明："本院对一审查明的事实予以确认。"一审查明事实有遗漏或者错误的，应当写明相应的评判。判决结果应分不同情形写明：维持原判的，(1)一审判决认定事实清楚，适用法律正确，写明综上所述，×××的上诉请求不能成立，一审判决认定事实清楚，适用法律正确。本院依照《中华人民共和国民事诉讼法》第177条第1款第1项规定，判决如下：驳回上诉，维持原判。(2)一审判决认定事实或者适用法律虽有瑕疵，但裁判结果正确，维持原判的，写明综上，一审判决认定事实……(对一审认定事实作出概括评价，如存在瑕疵应指出)、适用法律……(对一审适用法律作出概括评价，如存在瑕疵应指出)，但裁判结果正确，故对×××的上诉请求不予支持。依照《中华人民共和国×××法》第×条(适用法律有瑕疵的，应当引用实体法)、《中华人民共和国民事诉讼法》第177条第1款第1项、《最高人民法院关于适用〈中华人民共和国民事诉讼法〉的解释》第三百三十二条规定，判决如下：驳回上诉，维持原判。

二审对一审判决进行改判的，应当对一审判决中驳回其他诉讼请求的判项一并进行处理，如果驳回其他诉讼请求的内容和范围发生变化的，应撤销原判决中驳回其他诉讼请求的判项，重新作出驳回其他诉讼请求的判项。

部分改判的，二审判决主文按照维持、撤销、变更、增判的顺序写明。全部改判的，二审判决主文按照撤销、改判的顺序写明。(1)一审判决主文有给付内容，但未明确履行期限的，二审判决应当予以纠正。判决承担利息，当事人提出具体请求数额的，二审法院可以根据当事人请求的数额作出相应判决；当事人没有提出具体请求数额的，可以表述为"按……利率，自××××年××月××日起计算至××××年××月××日止"。(2)因为出现新的证据导致事实认定发生变化而改判的，需要加以说明。人民法院依法在上诉请求范围之外改判的，也应加以说明。

关于诉讼费用问题，如是维持原判，对一审诉讼费用负担问题不需调整的，不必重复一审诉讼费负担。如一审诉讼费负担错误需要调整的，应当予以纠正。改判的，应同时对一审和二审的诉讼费用负担进行判决。二审民事判决书的具体样式见本段右侧二维码。

（二）裁定发回重审

二审人民法院对于原判决认定基本事实不清的，可以发回重审；原判决遗漏当事人或者违法缺席判决等严重违反法定程序的，应当发回重审。发回重审以裁定形式作出。二审人民法院在裁定发回重审的同时，还应裁定撤销原判决。如果一审判决认定基本事实不清被发回重审的，引用《民事诉讼法》第177条第1款第3项；如一审判决严重违反法定程序被发回重审的，引用《民事诉讼法》第177条第1款第4项。裁定书的具体样式见本书第一章第四节。

二、对不服第一审裁定的上诉案件的裁定

根据《民事诉讼法》和《民事诉讼法司法解释》的规定，当事人不服第一审未生效的不予受理的裁定、驳回起诉的裁定、处理管辖权异议的裁定，可以依法提起上诉。二审人民法院对不服一审人民法院裁定的上诉案件的处理，一律适用裁定。根据不服裁定的上诉案件的特点，可以分别情形作出不同的处理：凡原裁定认定事实清楚，适用法律正确的，裁定驳回上诉，维持原裁定。二审人民法院查明一审人民法院作出的不予受理裁定有错误的，应在撤销原裁定的同时，指令一审人民法院立案受理；查明一审人民法院作出的驳回起诉裁定有错误的，应在撤销原裁定的同时，指令一审人民法院立案受理；查明一审人民法院作出处理管辖权异议的裁定错误的，应在撤销原裁定的同时，根据不同情况，分别指定一审人民法院移送管辖或进行审理。

三、第二审法院的调解

调解也是人民法院对案件审理的一种重要方式，既适用于一审程序，也适用于二审程序。不同的是在二审程序中达成调解协议的，一律制作调解书。当事人在二审中达成和解协议的，人民法院可以根据当事人的请求，对双方达成的和解协议进行审查并制作调解书送达当事人。根据《民事诉讼法》的规定，第二审人民法院的民事调解书送达后，原审人民法院的判决即视为撤销。二审民事调解书的制作与一审相同，区别在于二审民事调解书应同时对一审案件诉讼费用的负担做出处理。民事调解书的样式见右侧二维码。

第八章　非讼案件的模拟实训

【本章学习目标】

知识目标

理解每一种非讼程序适用的案件特点及具体操作规范，掌握每种文书的写作特点。

能力目标

能够熟练适用非讼程序中的任何程序，制作各种文书，完成诉讼任务。

素质目标

理解非讼案件中各种法院裁定或判决的含义，树立依照法律程序维权的意识。

第一节　特别程序的模拟实训

本节实训任务

根据特别程序案件的特点启动各类特别程序案件的审理，完成每个程序的流程，正确裁判，制作相关文书。

一、特别程序概述

特别程序由几类不同的案件共同组成，各自有各自的特点，当事人提起诉讼的目的也不同。选民资格案件，当事人希望确认某公民是否具备选民资格；宣告公民失踪、宣告公民死亡、认定公民无民事行为能力、限制民事行为能力、财产无主案件，实践中，人民法院作出的判决通常会作为当事人在其他诉讼程序中的证据使用，因此这几个程序常作为其他案件的前置程序。而确认调解协议案件、实现担保物权案件则和当事人的实体利益息息相关，人民法院作出的裁定可直接作为当事人申请人民法院强制执行的根据。尽管如此，这些案件仍具有共同的特点：

（1）特别程序案件，案号中案件类型代字为"民特"，民事特别程序监督案件案号的案件类型代字为"民特监"。

（2）按照《诉讼费用交纳办法》的规定，适用特别程序审理的案件不交纳案件受理费，因此在法院的判决或裁定中无需判明诉讼费用的负担。但是申请实现担保物权的案件，需在裁定书中注明申请费的负担。

（3）适用特别程序审理的案件，多数无需开庭审理。人民法院对当事人提交的材料以及人民法院调查收集的材料进行审查，必要时可充分询问当事人，经过法律规定的程序后即可作出判决或裁定。

（4）适用特别程序审理的案件一律实行一审终审，因此人民法院作出的裁判应指出本裁判为终审裁判。但是对人民法院作出的确认调解协议、准许实现担保物权的裁定，应告知当事人有权自收到裁定之日起15日内向本法院提出异议。

二、选民资格案件的模拟实训

（一）起诉

公民对于选举委员会公布的选民名单有不同意见的，可以向选举委员会提出申诉，这是选民资格案件的前置程序。只有对选举委员会作出的申诉决定不服的，才可到人民法院起诉。公民到人民法院起诉，应在选举日前5日提交书面的起诉书。起诉书由首部、正文和尾部三部分组成。首部应写明起诉人姓名、性别、出生年月日、民族、工作单位、家庭住址、联系方式。有委托诉讼代理人的，另起一行写明委托诉讼代理人的姓名及身份。正文包括请求事项和事实与理由两部分内容。请求事项具体写明请求人民法院确定某公民在某个选区具有或不具有选民资格。事实和理由部分，首先写明选举委员会对选民资格的申诉所作的处理决定，然后再写明起诉人或有关公民某某具有或不具有选民资格的事实和理由。这部分内容要注意将事实陈述清楚，用语要简明扼要，理由陈述要充分。尾部写明管辖的法院，注意"此致"前面空两格，"人民法院"要顶格写，然后另起一行写附件的名称，起诉书应当附选举委员会对选民资格的申诉所作的处理决定。最后靠右是起诉人的签名和起诉的日期。起诉人除签名外，还应捺印。

（二）受理和审理

人民法院经审查认为符合起诉条件的，应予受理。确定开庭日期后，应通知起诉人、选举委员会的代表及有关公民参加，这里的有关公民，是指案件涉及选民资格的公民，不得缺席。人民法院应由审判员组成合议庭审理，审理流程参照普通程序进行，不再赘述。

因为选举权和被选举权是由法律规定的，某一公民是否具有选举权，是否具有选民资格，只能依据有关法律的规定，不受有关主体意志的影响，因此选民资格案件的审理，虽有起诉人、选举委员会的代表和有关公民参加，但不能适用调解，人民法院无需做调解工作，不能以调解方式结案。

（三）判决

人民法院应在选举日前审结，根据审理结果制作判决书，将判决书在选举日前送达起诉人和选举委员会，并通知有关公民。判决书的内容包括标题、正文和尾部三部分。正文中当事人基本情况如该案件不涉及有关公民，可不写该公民。尾部中审判组织中的"审判员"也可以是"代理审判员"，但不能是"人民陪审员"。具体格式见右侧二维码。

三、宣告公民失踪、宣告公民死亡案件的模拟实训

（一）申请

宣告公民失踪和宣告公民死亡案件的程序基本相同，均需要申请人向人民法院提出书面申请。申请书正文由首部、请求事项、事实与理由和尾部四部分组成。

首部写明申请人的基本情况，包括姓名、性别、出生年月日、民族、工作单位、家庭住址、联系方式。申请人为无诉讼行为能力的，另起一行写明其法定代理人或指定代理人的姓名，与申请人的关系。有委托诉讼代理人的，另起一行写明委托诉讼代理人的姓名及身份。符合法律规定的多个利害关系人提出申请的，列为共同申请人。

申请宣告公民失踪的，其请求事项有两项：一是请求宣告某公民失踪；二是请求指定某公民为失踪人的财产代管人。申请宣告公民死亡的，其请求事项只有一项，即请求宣告某公民死亡。

事实与理由部分，应写明下落不明人的基本情况，包括姓名、性别、出生日期、民族，下落不明前的工作单位和家庭住址；申请人与下落不明人的关系；下落不明人于什么时间，因何原因下落不明，至今已下落不明多长时间。

尾部写明管辖的法院，附该公民下落不明的有关证明，可以是公安机关或有关机关（如村委会、居委会）的书面证明。申请宣告公民死亡的，还可以是有关机关制作的该公民不可能生存的证明。最后是申请人的签名（盖章或捺指印）以及申请

的日期。

（二）公告

人民法院接到申请人的申请后，应制作寻找下落不明人的公告。公告文书由文书名称、案号、内容以及落款四部分组成。公告内容应包括人民法院于何时受理该起案件，申请人申请的事实与理由，下落不明人申报的期限和内容，逾期不申报的后果，知悉其下落的人报告的期限和内容。具体格式见右侧二维码。

人民法院应将公告张贴于公告栏内，并且登报告示。

（三）判决

公告期内，如下落不明人有音讯的，人民法院应制作判决书，驳回申请人的申请。公告期满，下落不明人仍无音讯的，人民法院应根据申请人的申请，作出宣告公民失踪或死亡的判决书，宣告公民失踪的还需为其指定财产代管人。这两种判决书的格式基本相同，除非重大疑难，否则尾部的审判组织均为独任审判员。具体格式见右侧二维码。

（四）判决的撤销

被宣告失踪或死亡的公民重新出现的，其本人或利害关系人可向人民法院提出申请，请求人民法院撤销原宣告失踪或死亡的判决。申请书的格式与申请宣告失踪或死亡的格式基本相同，不同的是请求事项为请求人民法院撤销宣告失踪或宣告死亡的民事判决，要写明该民事判决的具体案号。同时还应将原判决书作为附件一并提交。

人民法院查证属实后，应作出新判决，撤销原判决。需要注意的是，申请如是利害关系人提出的，应当在申请人基本信息末尾写明与被宣告失踪或死亡人的关系。判决书的格式见右侧二维码。

四、认定公民无民事行为能力、限制民事行为能力案件的模拟实训

（一）申请

认定公民无民事行为能力和限制民事行为能力的案件是两种不同的案件，其均需申请人向人民法院提交书面申请。申请书的格式与前述宣告失踪和宣告死亡的申请书基本相同，故此处只指出与前述申请书不同的部分。本申请书的请求事项为请求人民法院判决某公民为无民事行为能力人或限制民事行为能力人，此外还可请求

人民法院指定某公民为其监护人。附件应为证明被申请人行为能力的证据材料，如医院的诊断书、鉴定机构的鉴定意见书等。

（二）鉴定和审理

人民法院应审查申请人提交的关于被申请人精神状况的证明材料的真实性及合法性，必要时可询问被申请人本人，健康状况不允许的，可参照周围群众公认的精神状态认定。人民法院还可委托医学鉴定机构对被申请人的精神状况进行鉴定，但费用应由当事人负担。

（三）判决

人民法院应根据审理的结果，作出判决，并制作判决书。如申请人的请求事项包含指定监护人，则人民法院也应对此作出相应判决。判决书的具体格式见右侧二维码。

（四）撤销判决

人民法院作出判决后，公民的民事行为能力恢复的，其本人或者监护人可提出申请，撤销原判决。申请书的内容除请求撤销原判决外，还应包括请求确认其行为能力恢复为限制民事行为能力或完全民事行为能力，相应地判决书也就会出现三种情形：一是原判决认定公民为无民事行为能力人，判决撤销原判决，确认其恢复为限制民事行为能力人；二是原判决认定公民为无民事行为能力人，判决撤销原判决，确认其恢复为完全民事行为能力人；三是原判决认定公民为限制民事行为能力人，判决撤销原判决，确认其恢复为完全民事行为能力人。

五、认定财产无主案件的模拟实训

（一）申请

申请认定财产无主，应由申请人向人民法院提出书面申请，申请人可以是公民，也可以是法人或其他组织。申请书的首部列明申请人的基本情况，申请人是公民的，应写明其姓名、性别、出生年月日、民族、职务、工作单位、家庭住址、联系方式，有诉讼代理人的，另起一行写明其姓名及工作单位。申请人是法人或其他组织的，写明名称住所。另起一行写明法定代表人或主要负责人及其姓名、职务、联系方式。申请书的请求事项应是请求人民法院认定某财产为无主财产，写明无主财产的名称、数量、地址等，同时还应包括请求将该财产收归国家或集体所有，收归集体所有的，还应写明集体名称。正文部分主要写明请求认定财产无主的事实和理由。要写明财产的种类、数量等，财产多的正文可以只写明概况，财产清单附后。尾部写明管辖的法院，申请人的签名（盖章或捺指印）以及申请的日期。

（二）公告

人民法院应制作财产认领公告。公告应当写明申请人的姓名或名称、住所，财产的种类、数量、形状，申请人申请的事实与理由，公告期间以及寻找财产所有人认领财产的意旨，逾期不认领的后果等。人民法院应将公告张贴于公告栏以及财产所在地。

（三）判决

公告期间，如果有人对该项财产提出所有权请求，人民法院经审查，认为该项请求成立，应作出判决，驳回认定财产无主的申请。如有人对该财产提出其他权利请求，人民法院应制作民事裁定书，终结特别程序，告知申请人另行起诉。裁定书的格式见右侧二维码。

公告期满，如无人认领该财产，则人民法院应作出判决，认定该财产无主。判决书的格式见右侧二维码。值得一提的是，如果无主财产特别多的，可在判决书后附录财产清单。

（四）撤销判决

人民法院作出财产无主的判决后，原所有人或继承人出现的，该所有人或继承人可向人民法院提出申请，撤销原判决。申请书的请求事项应包括两项内容：一是请求撤销原判决，二是请求确认无主财产归申请人所有。同时将原判决附后。人民法院经审查后，可相应地作出驳回申请或撤销原判决的判决。

六、确认调解协议案件的模拟实训

（一）申请

当事人申请司法确认调解协议，可采用口头或书面形式。书面形式，应向人民法院提交书面申请书。申请书正文由首部、申请事项、事实与理由及尾部四部分组成。首部应写明申请人的基本情况，按照《民事诉讼法》第 201 条的规定，申请司法确认调解协议，应由当事人双方共同提出申请，因此申请书中应分别列明双方当事人的基本情况，双方均为申请人。请求事项为请求人民法院确认双方于何时达成的哪份具体调解协议有效。事实与理由部分写明双方于何时，在何调解组织的主持下达成调解协议以及调解协议的具体内容。此外，还应写明该调解协议是申请人出于解决纠纷的目的自愿达成，没有恶意串通、规避法律的行为，如果因为该协议内容而给国家、集体或他人造成损害的，愿意承担相应的民事责任和其他法律责任。

尾部为管辖的法院、申请人的签名和日期。需要注意的是申请人应是双方当事人的共同签名或盖章。

申请人在提交申请书的同时，还应当向人民法院提交调解协议、调解组织主持调解的证明，以及与调解协议相关的财产权利证明等材料，并提供双方当事人的身份、住所、联系方式等基本信息。

（二）审查

人民法院认为当事人的申请符合条件的，应制作受理通知书并送达当事人，认为不符合条件的，应制作不予受理的裁定。受理后认为不符合条件的，应制作驳回申请的裁定。具体程序及文书格式同一审程序，不再赘述。

对于申请司法确认调解协议的案件，人民法院一般不开庭审理，但在审查中，可以通知双方当事人同时到场，询问当事人。

（三）裁定

人民法院应根据审查结果，制作民事裁定书，驳回申请或裁定调解协议有效。驳回申请的裁定应写明驳回的理由，与前处驳回申请裁定不同，此处驳回申请的理由应是当事人之间达成的调解协议，其程序或内容不符合相关法律规定。此外还应写明驳回申请后，当事人权利的补救。确认调解协议有效的，应再写明当事人应当按照调解协议的约定自觉履行义务，以及不履行义务的权利补救。两种裁定的具体格式见右侧二维码。

七、实现担保物权案件的模拟实训

（一）申请

实现担保物权，申请人应向人民法院提交书面申请。申请书的格式与前述相同，只是请求事项应为两项：一是请求准许拍卖/变卖被申请人的某项财产，应写明担保财产的名称、性质、数量、数额、所在地等；二是请求裁定申请人对变价后所得价款优先受偿，应写明优先受偿的具体金额范围。

申请人除向人民法院提交书面申请外，还应提交证据材料，包括证明担保物权存在的材料，如主合同、担保合同、抵押登记证明或者他项权利证书，权利质权的权利凭证或者质权出质登记证明等；证明实现担保物权条件成就的材料；担保财产现状的说明。此外，还应提交当事人及诉讼代理人的身份证明材料、授权委托书等。

（二）审查

人民法院受理申请后，应在5日内向被申请人送达申请书副本、异议权利告知书。异议权利告知书是告知被申请人有提出异议的权利，内容包括提出异议的时间、方式、异议的内容以及提出异议的后果等，具体格式见右侧二维码。

被申请人有异议的，应在 5 日内向人民法院提出书面申请，即异议书。异议书的格式同申请书，但请求事项应为请求人民法院裁定驳回申请人对担保财产实现担保物权的申请，应写明担保财产的名称、性质、数量、数额、所在地等。被申请人还应同时提交相应的证据材料。

人民法院对申请人的申请及被申请人的异议书进行审查，一般不开庭审理，必要时可询问当事人。认为被申请人的异议不成立的，可制作裁定书，驳回其申请。

（三）裁定

经审查，当事人的申请符合法律规定的条件的，人民法院应制作裁定书，准许对担保财产进行拍卖或变卖。裁定书正文的内容包括申请人和被申请人的基本情况，申请人的请求、事实和理由，被申请人的意见，人民法院查明和认定的事实、裁定的理由，作出裁定的法律依据以及裁定的结果，申请费用的负担（申请费用按件收取，而不以担保财产的数额确定），权利人不服裁定的权利补救等。具体格式见右侧二维码。

当事人的申请不符合法律规定条件的，人民法院也应制作裁定书，驳回其申请。裁定书应写明申请人与被申请人的基本情况，申请人与被申请人主张的主要事实与理由，人民法院认定的事实与理由，裁定的结果，还应裁定申请费用的负担，以及告知申请人权利的补救。具体格式见右侧二维码。

第二节　督促程序的模拟实训

本节实训任务

根据督促程序的各项规定作为不同角色独立完成督促程序的整个流程，制作督促程序中的各种文书。

一、督促程序概述

督促程序作为督促债务人履行债务的程序，具有程序上的简便快捷性，其在审理上的特点是：

（1）督促程序中，申请支付令审查案件案号的案件类型代字为"民督"，支付令监督案件案号的案件类型代字为"民督监"。

（2）督促程序实行独任制，一审终审。因此，人民法院制作的裁定书中，均应指出本裁定为终审裁定，审判组织为审判员一人。

（3）适用督促程序的案件，人民法院不需要开庭审理。

二、督促程序的启动

督促程序的启动基于两种情形：一是债权人向人民法院提出支付令的申请而开始；二是当事人按照普通程序起诉，人民法院受理后，认为符合督促程序的条件，从而裁定转为督促程序。前者须由债权人向人民法院提交书面申请书，后者须由人民法院作出裁定。后者在实践中较少遇到，在此只介绍前者。

申请书正文由首部、申请事项、事实与理由和尾部四部分组成。首部写明当事人的基本情况，包括申请人姓名、性别、出生年月日、民族、工作单位、职业或职务、家庭住址、联系方式。如申请人为无诉讼行为能力人的，另起一行写法定代理人或指定代理人姓名，与申请人的关系。如有委托诉讼代理人，还应另起一行写委托诉讼代理人的姓名和身份。当事人是法人或者其他组织的，写明名称住所，另起一行写明法定代表人、主要负责人姓名、职务、联系方式。申请事项为请求人民法院向被申请人发出支付令，督促被申请人给付申请人一定的财物，应写明请求给付的金钱或者有价证券的具体名称和数量。事实与理由部分，写明债权债务关系发生的事实、证据。尾部为管辖法院，申请人签名或盖章以及申请的日期。

申请人除向人民法院递交申请书外，还应提交债权文书及相关证据。

人民法院应对申请人的申请进行审查，认为符合条件的，通知申请人缴纳申请费，并予以受理；认为不符合申请条件的，应通知当事人，并制作不予受理支付令申请通知书，而不是裁定。通知书的开头为申请人的姓名或名称，顶格写。正文内容较为简单，一般表述为："本院于某日收到你方请求本院向某某发出支付令的申请书，经审查认为，你方的申请不符合《中华人民共和国民事诉讼法》第二百二十一条、《最高人民法院关于适用〈中华人民共和国民事诉讼法〉的解释》第四百二十九条规定的条件，本院决定不予受理。"另起一段单独写"特此通知"。落款为日期，并加盖人民法院院章。

三、支付令申请的审查

人民法院受理申请后，应对申请人的申请作实体审查，但只就债权人提供的事实和证据进行书面审查，不开庭审理，不传唤双方当事人。经审查，认为不符合条件的，应制作裁定书，驳回申请。裁定书格式同一审程序驳回起诉裁定；认为符合条件的，应制作支付令，并送达债务人。

支付令的内容包括申请人、被申请人及代理人的基本情况，申请人申请支付令的时间，申请人提供的债权债务关系的事实、证据概述，要求被申请人给付的金钱或者有价证券的名称和数量。然后是人民法院审查认定的事实，依据的法律，支付令的具体内容。还应写明申请费的负担，被申请人的权利救济。最后是落款，包括审判员姓名、支付令发布的日期以及书记员的姓名。具体格式见右侧二维码。

四、支付令异议

债务人收到支付令后，有权在15日内提出支付令异议。支付令异议只能以书面形式提出，异议应明确针对本债权债务关系或对待给付的债权债务关系，内容应包含对支付令指定清偿的债务提出明确反对或者异议的意思表示。异议书正文由首部、请求事项、事实与理由及尾部四部分组成。首部应写明异议人的基本情况，在异议人的后面应加括号注明其为督促程序中被申请人的身份。请求事项一般简明扼要地表述为请求人民法院裁定终结督促程序。事实与理由部分，应写明异议人于何时收到人民法院何时作出的第几号（一般为案件的案号）支付令，支付令的内容以及终结督促程序的理由。尾部为管辖法院的全称，异议人的签名或盖章，提出异议的日期。

五、督促程序的终结

债务人提出支付令异议，人民法院经审查认为其符合法定要件的，应制作裁定书，裁定终结督促程序。此外，符合《民事诉讼法》解释第 430、435 条规定的情形的，也应裁定终结督促程序。裁定书除裁定终结本案的督促程序外，还应写明本案中作出的支付令自行失效，以及本案申请费的负担。具体格式见右侧二维码。

第九章 卷宗装订

【本章学习目标】

知识目标

熟悉人民法院卷宗包括的内容，区分正卷与副卷，掌握卷宗装订的顺序。

能力目标

能够熟练完成案卷的整理、填写与装订。

素质目标

树立规范、有序意识。

本章实训任务

基于前面的实训任务，对于每组模拟开庭形成的案卷完成整理和装订。

基本知识指引

一、卷宗的整理

每一个民事案件都要单独立卷，从收案到结案所形成的法律文书、证据材料等都要收入案卷。按照利于保密、方便利用的原则，分别立为正卷和副卷。正卷可供当事人、诉讼代理人及有关单位、人员查阅。副卷是人民法院内部掌握不宜公开的机密性诉讼材料，包括合议庭评议笔录、审判委员会讨论记录、司法文书原本、内部请求、指示、批复、重要信件等。一个案件的诉讼文书材料是否分立成正卷、副卷，各高级人民法院可以根据本省、直辖市、自治区法院系统实际工作的需要，自行决定。正卷和副卷均由承办书记员负责收集、整理立卷，承办审判员和庭长负责检查卷宗质量，并监督承办书记员按期归档。

一般来说，一本完整的卷宗是由卷宗封皮、卷内目录、案卷材料、备考表、卷底组成的。卷宗尺寸为标准 A4 办公纸大小，并用毛笔、钢笔（用墨汁或碳素、蓝黑墨水）或碳素圆珠笔书写、签发。比较复杂的是案卷材料。人民法院在收案后，承办书记员即应开始收集有关本案的各种诉讼文书材料，着手立卷工作。在案件办结以后，要认真检查全案的文书材料是否收集齐全，若发现法律文书不完备的，应及时补齐或补救，再行排列整理。同时，与本案无关的材料应剔除。下列材料不订入法院案卷：（1）不属法院业务范围归口交办的人民来信；（2）答复来信来访人到有关法院诉讼的信件或记录；（3）询问一般法律手续问题的来信来访；（4）没有参考价值的信封；（5）内容、地址不清的申诉信件；（6）确系精神病人的来信；（7）刑、民案件申诉中内容相同的重份材料。入卷的诉讼文书材料，一般只保存一份（有领导人批示的材料除外），重份的材料一律剔除。本院的判决书、裁定书、调解书可保留三份：一份装订，另两份装入卷底袋内备用。

对于一些缺少相关人员签字或盖章的诉讼文书，要及时通知补签。一些有破损的文书材料要修补或者复制：过小的粘贴衬纸，过大的修剪折叠。加边、加衬、折叠均以 A4 办公纸为准。对于字迹难以辨认的材料，应附上抄件。外文及少数民族文字材料应附上汉语译文。需要附卷保存的信封，要打开展平，加贴衬纸，邮票不得取掉。文书材料上的金属物必须剔除干净。

二、案卷装订顺序

诉讼文书材料的排列顺序，总的要求是按照诉讼程序的客观进程形成文书时间的自然顺序，兼顾文件之间的有机联系进行排列。

（一）民事一审普通程序案件正卷材料装订顺序

（1）卷宗封面；（2）卷内目录；（3）立案审批表；（4）起诉书或口头起诉笔录；（5）受理案件通知书（通知缴纳诉讼费或免费手续、诉讼风险提示书）及送达回证；（6）缴纳诉讼费用收据或减、缓、免手续；（7）应诉通知书及送达回证；（8）答辩状及附件；（9）原、被告身份证明、诉讼代理人身份证明或委托授权书及法定代表人身份证明；（10）举证通知书、告知合议庭成员通知书、诉讼权利义务告知书、送达地址确认书及送达回证；（11）诉讼保全、证据保全申请；（12）保全裁定及送达回证；（13）保全措施执行手续；（14）原、被告举证材料；（15）证据收据；（16）询问、调查取证材料、证人出庭申请；（17）调解笔录及调解材料（庭前调解）；（18）准备庭笔录；（19）开庭通知、传票及出庭通知书及送达回证、开庭公告底稿等；（20）庭审笔录；（21）代理词及辩论材料；（22）判决书、调解书、裁定书正本；（23）宣判笔录；（24）判决书、调解书、裁定书送达回证；（25）上诉案件移送函存根；（26）上级法院退卷函；（27）上级法院判决书、调解书、裁定书正本；（28）证物处理手续；（29）执行手续材料；（30）备考表；（31）证物袋；（32）卷底。

（二）民事简易程序案件正卷材料装订顺序

（1）卷宗封面；（2）卷内目录；（3）起诉状或口头起诉笔录；（4）立案通知书（诉讼风险提示书、举证通知书）及送达回证；（5）缴纳诉讼费收据或减、缓、免手续；（6）应诉通知书及送达回证；（7）举证通知书；（8）送达地址确认书；（9）答辩状及附件；（10）委托代理手续；（11）原、被告举证材料；（12）调查取证材料；（13）调解材料、调解协议书；（14）开庭传票、开庭通知书、出庭通知书、开庭公告；（15）庭审笔录；（16）判决、调解、裁定书正本；（17）宣判笔录；（18）判决书、裁定书、调解书送达回证；（19）结案说明。

（三）民事二审案件正卷诉讼文书材料的排列顺序

（1）卷宗封面；（2）卷内目录；（3）上诉案件移送书；（4）原审法院判决书、裁定书、调解书；（5）缴纳诉讼费收据或缓、减、免手续；（6）上诉状正本；（7）答辩状正本；（8）询问、调查笔录或调查取证材料；（9）调解笔录及调解材料；（10）开庭通知、开庭传票；（11）开庭审理笔录；（12）代理词；（13）判决书、调解书、裁定书原本和正本；（14）司法建议书；（15）宣判笔录、委托宣判函；（16）送达回证；（17）退卷函存根；（18）备考表；（19）证物袋；（20）卷底。

（四）副卷装订顺序

（1）卷宗封面；（2）卷内目录；（3）案情报告；（4）承办人与有关部门内部交换意见的材料或笔录；（5）有关本案的内部请示及批复；（6）合议庭评议案件笔录；（7）审判庭研究、汇报案件记录；（8）审判委员会讨论记录；（9）判决书、裁定书原本；（10）其他不宜对外公开的材料；（11）备考表；（12）卷底。

三、立卷编目

诉讼文书材料经过系统排序后，经检查确保无遗漏或多余的材料，即可逐页编号。现各人民法院基本都配备打号机，页号一律用阿拉伯数字打在有文字正面的右上角、背面的左上角，没有文字的不编号。卷宗封面、卷内目录、备考表、证物袋、卷底不编号。

编号完毕应填写卷内目录。卷内目录包括序号、文书名称、页码三项，按诉讼文书材料排列顺序逐件填写。一份诉讼文书材料编一个顺序号，判决书、裁定书的原本和正本编一个顺序号。顺序号后是诉讼文书材料名称,其后是页码,诉讼文书材料有多页的,标明起止张号。卷内目录要用毛笔或碳素笔按规定项目逐项填写,序号和页码均以阿拉伯数字表示,现一般为打印件。

卷宗封面,最高人民法院没有指定固定格式,但大体内容各人民法院都差不多。以民事一审普通程序正卷为例,卷宗封面包括案号、案由、当事人、审判组织、书记员、收结案日期、裁判结果、归档日期和保存期限等内容。其中收案日期为立案日期,结案日期填写宣判日期。归档日期为订卷后将卷宗交档案管理部门归档的日期,诉讼档案的保管期限分为永久、长期、短期三种。长期保管期限为60年,短期为30年,应根据案件的具体情况填写。全宗号为档案部门给立档单位编制的代号,目录号为所属目录的编号,案卷号是目录内案卷的顺序编号。卷宗封面要用毛笔或碳素笔按规定项目逐项填写,年代、案卷号、收结案日期均采用阿拉伯数字填写,字迹要工整、规范、清晰。卷宗封面的具体格式见右侧二维码。

备考表附在卷宗最后,主要对卷宗材料进行补充说明。比如有关卷内文件材料的缺损、修改、补充、移出、销毁等情况。并在封底栏内注明立卷人、检查人姓名及立卷日期、检查日期。立卷填写人是书记员,检验人员填写档案人员。

装订好的卷宗一般竖排摆放,为了方便查阅,卷脊应能提供本卷宗的主要信息,内容包括卷宗号、案号和年份。

四、卷宗的装订

民事卷宗每卷的厚度以不超过 15 毫米(约 200 页)为宜。材料过多的,应按顺序分册装订。

卷宗的装订根据卷宗封面和封底的不同有两种方法。如是卷宗封面和卷底在同一张大纸,中间为卷脊的情形,应先根据卷宗的厚度折出卷脊的宽度。具体方法是以卷脊内容为中心,根据卷宗厚度在左右两侧各作一个标记,两个标记的距离就是卷宗的厚度,压上镇尺,上下对齐,用刀背轻轻划出两条痕迹,再沿两条痕迹分别向内折,案卷的卷脊就折出来了。然后将案卷材料夹到封面和封底中间,注意左侧对准卷脊。对齐后整本卷宗右侧用夹子固定,进行打孔装订。卷宗必须用线绳三眼或五眼装订。以三眼为例,将整本卷宗铺平,两手分别捏住卷宗上下,在距离左侧边缘大约 1 厘米的方位从上到下并列打三个孔,孔要排列整齐,距离大致相等。将绳子两端对齐,捏住另一头从上到下穿进中间的孔,不要全部穿过,把对折的一头露出即可。把绳子的两个顶端分别从卷宗的另两个孔从上到下穿过，再到中间穿过对折的绳子，拽紧打结，剪去多余的部分。

如果卷宗封面和封底、卷脊是分开的，则先折出卷脊，将卷脊与案卷材料用上述方法装订，最后将卷宗封面和封底的左侧分别粘在折过来的卷脊上。

卷宗装订好后，用切纸机将卷宗的右侧和上下两侧切割整齐，注意不要切割到文字。在卷底装订线结扣处粘贴封纸，由立卷人及档案管理部门加盖骑缝章。

五、卷宗归档

案件结案后 3 个月内由审判庭内勤或承办书记员编写归档清册向档案管理部门移交归档。接收人要逐卷检查验收。卷宗质量不符合要求的，应退回立卷单位重新整理。随卷归档的录音带、录像带、照片等声像档案材料，应按《人民法院声像档案管理办法》的规定办理。凡能附卷保存的证物均应装订入卷。无法装订的可装入证物袋，并标明证物名称、数量、特征、来源。不便附卷的证物应拍照片附卷。已经归档的卷宗不得从卷内抽取材料，确需增添诉讼文书材料的，应征得档案管理人员同意后，按立卷要求办理。

第四编
综合模拟实训

第十章　离婚纠纷案件的模拟实训

【本章学习目标】

知识目标

掌握离婚案件民事诉讼的相关法律知识。

能力目标

熟悉离婚诉讼常见的争议焦点，并能够围绕争议焦点收集准备证据，掌握离婚诉讼的程序，并熟练运用案例进行模拟训练。

本章实训任务

学习离婚案件的诉讼各阶段的相关理论知识，绘制离婚案件的诉讼流程。通过离婚诉讼范例，概括离婚案件的诉讼重难点，并使用教材所示案件进行模拟实训。

基本知识指引

一、离婚案件的起诉

离婚案件的当事人在身份上具有特殊性，双方当事人应当是夫妻关系，因此离婚诉讼只能由夫或妻一方提出，其他任何人不得以诉讼当事人身份提出离婚诉讼，但在某些情形下，可以作为法定诉讼代理人代为诉讼。

需要注意的是，现役军人的配偶要求离婚，须征得军人同意，但军人一方有重大过错的除外。女方在怀孕期间、分娩后一年内或中止妊娠后 6 个月内，男方不得提出离婚，女方提出离婚的，或人民法院认为确有必要受理男方离婚请求的，不在此限。判决不准离婚和调解和好的离婚案件，没有新情况、新理由，原告在 6 个月内又起诉的，不予受理。

二、离婚案件的管辖

一般情形下，离婚诉讼的管辖应按照民事诉讼法的规定，由被告住所地人民法院管辖。但是在以下特殊情形中，管辖法院应当根据特殊规定来确定：

（1）夫妻一方离开住所地超过一年，另一方起诉离婚的案件，可以由原告住所地人民法院管辖。夫妻双方离开住所地超过一年，一方起诉离婚的案件，由被告经常居住地人民法院管辖；没有经常居住地的，由原告起诉时被告居住地人民法院管辖。

（2）在国内结婚并定居国外的华侨，如定居国法院以离婚诉讼须由婚姻缔结地法院管辖为由不予受理，当事人向人民法院提出离婚诉讼的，由婚姻缔结地或者一方在国内的最后居住地人民法院管辖。

（3）在国外结婚并定居国外的华侨，如定居国法院以离婚诉讼须由国籍所属国法院管辖为由不予受理，当事人向人民法院提出离婚诉讼的，由一方原住所地或者在国内的最后居住地人民法院管辖。

（4）中国公民一方居住在国外，另一方居住在国内，不论哪一方向人民法院提起离婚诉讼，国内一方住所地人民法院都有权管辖。国外一方在居住国法院起诉，国内一方向人民法院起诉的，受诉人民法院有权管辖。

（5）中国公民双方在国外但未定居，一方向人民法院起诉离婚的，应由原告或者被告原住所地人民法院管辖。

（6）已经离婚的中国公民，双方均定居国外，仅就国内财产分割提起诉讼的，由主要财产所在地人民法院管辖。

三、离婚案件的审理

人民法院在审理离婚诉讼的过程中，争议焦点通常情况下主要集中在以下三个方面：

（一）感情破裂问题

感情是否确已破裂是人民法院判决双方当事人解除婚姻关系的根本标准，所以人民法院审理离婚案件时，首先要确定的事实就是双方当事人之间感情是否确实已经破裂，并再无修复的可能。因此，双方当事人应该围绕此争议焦点展开论证。

原告应当提供的证据：在离婚诉讼中，原告首先需出具结婚证以证明双方当事人存在一个合法有效的婚姻关系。然后，原告应当重点就感情确已破裂的事实出具相关证据材料，可以考虑从以下几个角度进行证明：

（1）被告存在重婚或与他人同居的情形。与他人同居是指与婚外异性不以夫妻名义，持续、稳定地共同居住。

（2）被告有实施家庭暴力或虐待、遗弃家庭成员的行为，如被告曾以殴打、捆绑、残害、强行限制人身自由或者其他手段，给其家庭成员的身体、精神等方面造成过一定伤害后果或者有持续性、经常性的家庭暴力。

（3）被告有赌博、吸毒等恶习屡教不改的行为。

（4）双方因感情不和分居满2年。

（5）有其他导致夫妻感情破裂的情形，如夫妻双方因是否生育发生纠纷，致使感情确已破裂。

另外，根据民事诉讼法的相关规定，一方被宣告失踪，另一方提出离婚诉讼的，人民法院应准予离婚。原告若因此情形起诉要求离婚的，应当提供被告被宣告失踪的判决书。

被告倘若认为双方感情尚未完全破裂或尚有和好可能，应当对此提供相应的证据材料。

（二）未成年子女抚养问题

父母与子女间的关系，不因父母离婚而消除。离婚后，子女无论由父或母直接抚养，仍是父母双方的子女。离婚后，父母对子女仍有抚养和教育的权利和义务。因此，倘若双方当事人有未成年子女，且因抚养问题发生争执不能达成协议时，人民法院应当作出判决。不满2周岁的子女，以由母亲直接抚养为原则。已满2周岁的子女，人民法院根据双方具体情况，按照最有利于未成年子女的原则判决，子女已满8周岁的应当尊重其真实意愿。因此，双方当事人应当就谁能更好地照顾、抚养子女，谁能给子女更好的成长环境提供相应的证据材料，必要时提供子女意见。

根据《中华人民共和国民法典》"婚姻家庭编"的相关规定，离婚后一方抚养子女的，另一方应负担必要的生活费和教育费的一部分或全部，负担费用的多少和期限的长短，由双方协议；协议不成时，由人民法院判决。因此，双方当事人应当就离婚后子女将来所需抚养费用提供相应证据材料，供人民法院对抚养子女的基本费用进行计算。抚养费不仅包括子女生活费、教育费，还包括子女的医疗费等费用。

（三）共同财产分割问题

1. 共同财产

根据《中华人民共和国民法典》"婚姻家庭编"的相关规定，倘若夫妻双方没有书面约定婚姻关系存续期间所得的财产以及婚前财产归各自所有或部分各自所有、部分共同所有，或者约定不明确的，夫妻在婚姻关系存续期间所得的财产则归夫妻共同所有。财产类型包括：

（1）工资、奖金，双方实际取得或者应当取得的住房补贴、住房公积金、养老保险金、破产安置补偿费也属于该类财产。

（2）生产、经营的收益，如一方以个人财产投资取得的收益。

（3）知识产权的收益，主要指婚姻关系存续期间，实际取得或者已经明确可以取得的财产性收益。

（4）继承或赠与所得的财产，但遗嘱或赠与合同中确定只归夫或妻一方的财产除外。

（5）其他应当归共同所有的财产，如：发放到军人名下的复员费、自主择业费等一次性费用；夫妻一方个人财产在婚后产生的除孳息和自然增值外的收益；由一方婚前承租、婚后用共同财产购买，房屋权属证书登记在一方名下的房屋等。

通过前述可知，由于在司法实践中，共同财产的表现形式多种多样，有的比较隐蔽、不宜发现或者容易忽略、遗漏，因此当事人要注意以实体法相关规定为指引，尽力发现和收集有关夫妻共同财产的线索和证据材料，以便在离婚诉讼中能准确确定夫妻共同财产的范围和数额，为自身争取尽可能多的合法权益。

2. 共同债务

离婚时，夫妻的共同财产由双方分割，为夫妻共同生活所负的共同债务也应当共同偿还。因此，在离婚诉讼中，除了要收集、提交共同财产的证据材料，还要提交涉及共同债务的证据材料。

3. 人民法院处理共同财产问题的原则

在司法实践中，人民法院在处理共同财产问题时，往往会遵循一些原则。掌握这些原则，能在一定程度上帮助当事人寻找到诉讼的思路。倘若所涉案件中遇有类似情况的，则可以参考这些原则，收集和提交相应的证据材料，为法官运用这些原则提供事实依据。这些原则包括：

（1）照顾子女、女方和无过错方权益。

（2）依法确认和保护一方当事人在家庭土地承包经营中享有的权益。

（3）离婚时一方隐藏、转移、变卖、毁损、挥霍夫妻共同财产，或伪造夫妻共同债务企图侵占另一方财产的，分割夫妻共同财产时，对该方可以少分或不分。

（4）夫妻一方因抚育子女、照料老人、协助另一方工作等负担较多义务的，离婚时有权向另一方请求补偿，另一方应当给予补偿。

（5）离婚时，如果一方生活困难，有负担能力的另一方应当给予适当帮助。

（6）因一方重婚、与他人同居或因实施家庭暴力、虐待、遗弃家庭成员等重大过错导致离婚的，无过错方有权请求损害赔偿。

四、离婚案件的其他诉讼程序问题

由于离婚诉讼涉及人身关系，所以在程序上还需要注意以下几点：

（1）离婚案件应当进行调解，调解无效的，才准予离婚。

（2）当事人申请不公开审理的，人民法院应当不公开审理。

（3）离婚案件当事人本人应当出庭，若因特殊原因无法出庭的，也应当要提供书面意见。

（4）无民事行为能力人的离婚诉讼，当事人的法定代理人应当到庭；法定代理人不能到庭的，人民法院应当在查清事实的基础上，依法作出判决。

案例指引

张某女，25 岁，在服装批发市场做服装批发生意，2011 年因偶然机会结识李某男。李某男，37 岁，在某国有企业工作，与前妻育有一子李青，上初中，由李某男抚养。张某女与李某男于次年结婚，婚后购买 80 ㎡ 房屋一套，小轿车一辆，后又生育一子一女。2020 年年初，张某女发现李某男有婚外情遂与其分居，在分居期间女儿随自己生活，儿子随李某男生活。一年后，张某女向人民法院起诉离婚。

张某女提出诉讼请求：（1）判决二人离婚；（2）判决两个孩子归自己抚养，李某男每月支付 4000 元生活费；（3）判决共同购买的房屋和汽车归自己所有；（4）对陈某享有的 9 万元债权归自己所有；（5）对卢某的 3 万元债务由李某男承担；（6）诉讼费用由李某男承担。

为支持自己的诉讼请求，张某女提出以下事实：李某男对家庭和孩子极其不负责任，李某男在与自己结婚前曾隐瞒婚史，也没告诉自己与前妻还有一个孩子李青。而且由于李某男不好好管教，导致李青成天在外打架斗殴。现在李某男又抛弃张某女与别的女人在一起。由于李某男的喜新厌旧及对家庭的不负责任，故张某女与李某男的两个孩子与李某男一起生活，不利于孩子的健康成长。此外，房子和汽车均为夫妻共同财产购买，对陈某的 9 万元债权也是在夫妻关系存续期间发生，对卢某的 3 万元债务为李某男个人债务，自己不知情。

李某男同意离婚，但提出张某女生意做得不好，经济紧张、生活困难，孩子若由其扶养，不利于孩子成长，要求两个孩子归自己抚养；共有房屋归两个孩子所有；汽车归自己所有；9 万元债权作为共同债权应当平均分割；3 万元作为夫妻共同债务由双方共同负担。

本案中，人民法院通过原被告双方的起诉和答辩意见，总结出本案争议焦点有二：第一，两个孩子抚养权归属；第二，夫妻共同财产为多少，应如何分割。

在庭审法庭调查阶段，张某女为证明自己所述事实，提供了以下证据材料：（1）李某男离婚证、李青班主任证言，以证明李青品行不好，自己孩子若随李某男生活，会受到李青不好的影响，不利于自己孩子成长；（2）载有张某女和李某男二人姓名的房产本，以证明房产为夫妻共同财产；（3）购车发票，以证明汽车为夫妻关系存续期间所购，为共同财产；（4）陈某所写借条，以证明 9 万元的债权为夫妻关系存续期间发生；（5）卢某所写借条，以证明 3 万元债务自己并未签字，不知情；（6）李某男与同一陌生女子举止亲密的数张照片，以证明李某男有婚外情。

李某男对第一组证据中的离婚证没有异议，但对李青班主任的证言有异议，陈述该班主任与张某女母亲为好友关系，对其证言的真实性表示怀疑，张某女不能证明李青品行有问题，也不能证明李青就一定会给弟弟、妹妹带来不好影响，不利于他们成长；对第二至四份证据均无异议，但对第五份证据有异议，称卢某所写借条上虽没有张某女签字，但自己所借欠款已经用于家庭生活使用，应当认定为共同债务；对第六份证明未发表质证意见。李某男对自己所述张某女生意不好、经济困难的事实未提供相应证据材料。

人民法院经过审理认为，被告李某男承认原告张某女的部分诉讼请求即同意离婚，不违反法律规定，予以支持。对孩子的抚养问题，因自原、被告分居以来，女儿随张某女生活，儿子随李某男生活，而且原告未能证明随被告生活会对孩子成长不利，被告也无证据证明原告经济状况不好，故结合现状，人民法院认为女儿由张某女抚养为宜，儿子由李某男抚养为宜。对共同财产、共同债权及共同债务问题，人民法院认为，原、被告双方对房产、轿车均为夫妻共同财产没有异议，对房产和轿车现有价值也无争议，故予以认定。对外债权 9 万元为夫妻共同债权原被告亦无争议，应当予以认定。对外债务 3 万元，原告未能证明该债务为被告个人债务，故仍认定为共同债务。被告对于自己在婚姻中存在过错未予否认，故予以认定。结合上述事实认定及财产现状，人民法院判决二人共同购买的房屋、9 万元共同债权归张某女所有，二人共同购买的轿车归李某男所有，欠卢某的 3 万元债务由李某男、张某女各自清偿 1.5 万元。

参考案例一

杨某女与刘某男中学相识，后因在同一座城市工作重遇。二人于 2014 年确定恋爱关系。杨某职业为幼儿园教师，月收入约 1 万元。刘某职业为某私企员工，月收入约 7000 元。2019 年 1 月，二人购买城市花园单元房作为婚房，2019 年 8 月 12 日登记结婚。2020 年 6 月，杨某怀孕，二人商议后，接女方父母同住。2020 年 3 月儿子刘某某出生。

婚后初期双方感情尚可，后因家庭开支、孩子抚养等问题发生矛盾。2021 年 9 月 14 日刘某纠集其表哥、表弟和姨妈在家里殴打杨某，同时还打伤杨某父母。经住院诊断，杨某全身多处软组织挫伤和脑震荡，其母亲被打致多处软组织挫伤、脑震荡，四颗门牙松动无法复原，医生建议拔除，其父亲则多处软组织挫伤。

2021 年 11 月，杨某提起离婚诉讼，同时要求孩子归自己抚养，刘某每月支付孩子抚养费 2000 元。城市花园单元房属于夫妻共同财产，尚欠银行贷款 60 万元，请求依法分割。

参考案例二

原告陈某女和被告邢某男于 2009 年 5 月 19 日登记结婚，双方均系再婚，婚后未生育子女。二人财产状况如下：陈某女中国工商银行尾号为 4179 账户自 2018 年 11 月 26 日开户，存款 25 万元。陈某女于 2019 年 4 月 30 日通过 ATM 转账及卡取的方式将该账户内的 19 万元转至案外人雷某齐名下，至 2020 年 12 月 21 日该账户余额为 200 元。邢某男名下在中国建设银行尾号为 3752 账户内有婚前房屋拆迁补偿款 22 万元，婚后取得的养老金 15 万元。二人婚后因感情失和产生矛盾，于 2020 年 2 月分居。2021 年 1 月，陈某女诉至法院要求离婚，并依法分割夫妻共同财产。邢某男认为夫妻感情并未破裂，不同意离婚。

第十一章　继承纠纷案件的模拟实训

【本章学习目标】

知识目标

掌握继承案件民事诉讼的相关法律知识。

能力目标

熟悉继承诉讼常见的争议焦点，能够围绕争议焦点收集准备证据，掌握继承诉讼的程序，熟练运用案例进行模拟训练。

本节实训任务

学习继承案件诉讼各阶段的相关理论知识，绘制继承案件的诉讼流程。通过继承诉讼范例，确定继承案件的诉讼重点难点，并使用教材所示案件进行模拟实训。

基本知识指引

一、继承案件的起诉

继承可以分为法定继承、遗嘱继承和遗赠扶养协议三种方式。法定继承是指在被继承人对遗产没有其他处分意愿的情况下，继承人直接依据法律规定取得被继承人的遗产。遗嘱继承是指被继承人将指定的遗产份额通过遗嘱的方式留与指定的人。该指定的人可以是法定继承人，也可以是法定继承人以外的人。将遗产留与法定继承人以外的人称为遗赠。遗赠分为不负义务的遗赠和负义务的遗赠。遗赠扶养协议是指扶养人与被扶养人签订协议，约定由扶养人负责被扶养人的生养死葬，被扶养人死亡后，其遗产由扶养人继承。因此，当法定继承人、遗嘱继承人、受遗赠人、遗赠扶养协议的扶养人等，相互之间就遗产分割发生争议时，主张权利者可以向人民法院提起继承诉讼。当权利主张者为复数时，该继承诉讼为共同诉讼。

需要注意的是，《民事诉讼法解释》第 70 条规定："在继承遗产的诉讼中，部分继承人起诉的，人民法院应通知其他继承人作为共同原告参加诉讼；被通知的继承人不愿意参加诉讼又未明确表示放弃实体权利的，人民法院仍应将其列为共同原告。"根据该条规定，继承案件的共同诉讼为必要共同诉讼。只要继承人没有通过书面方式明确表示放弃实体继承权利，人民法院都应当依职权或依当事人申请追加遗漏的继承人为当事人。因此，某一继承人欲提起继承诉讼时，应当与其他不放弃实体继承权利的人协商一致、共同诉讼。

此外，被诉争的遗产往往又涉及有其他利害关系人主张权利或是被他人占有使用的情况，因此在继承诉讼中可能还会出现有独立请求权的第三人和无独立请求权的第三人。这些第三人是否应当参与到诉讼中来，一并解决纠纷，都是当事人在起诉时应当予以考虑的问题。

二、继承案件的诉讼管辖

继承案件属于由特定的人民法院专属管辖的案件。《民事诉讼法》第 34 条第三项明确规定："因继承遗产纠纷提起的诉讼，由被继承人死亡时住所地或者主要遗产所在地人民法院管辖。"因此，当事人向上述法院以外的其他人民法院提起继承诉讼，其他人民法院均不予受理。

在确定专属管辖的人民法院时，当事人对"被继承人死亡时住所地"应当正确理解。该住所地为被继承人死亡时其户口所在地，而非死亡时临时居住地。而"主要遗产所在地"则应当根据被继承人的实际财产状况，对其动产和不动产价值进行权衡、比较，进行综合认定。

三、继承案件的审理

人民法院在审理继承案件的过程中，争议焦点往往集中在以下几个方面。

（一）继承人资格问题

无论是原告还是被告，继承遗产的第一个争议焦点就在于他们是否具备继承人的资格。这也是在继承案件中，当事人之间争议较多的问题。

1.法定继承人资格

根据《中华人民共和国民法典》"继承编"的规定，配偶、子女（包括婚生子女、非婚生子女、养子女和有扶养关系的继子女）、父母（包括生父母、养父母和有扶养关系的继父母）为第一顺序的法定继承人。兄弟姐妹、祖父母、外祖父母为第二顺序的法定继承人。相互有继承关系的几个人在同一事件中死亡，如不能确定死亡先后时间的，推定没有继承人的人先死亡。倘若被继承人的子女先于被继承人死亡的，由被继承人的子女的直系晚辈血亲代位继承其父亲或者母亲有权继承的遗产份额。

在法定继承人的继承诉讼中，当事人要证明自己符合法定继承人身份，就应当对被继承人婚姻关系、自己与被继承人存在亲子关系、收养关系以及自身的婚姻和亲子关系等身份关系状况提供相应证据材料。继子女要证明自己具备法定继承人资格的，还需要提供与被继承人具有扶养关系的证明材料。丧偶儿媳、女婿要证明自己有权利作为第一顺序继承人，还应当提供自己为被继承人提供经济支持或劳务帮助等情况的证据材料。对相互有继承权的人在同一事件中死亡的情形，当事人还应当提供各个死者的死亡证明，以确定最后每个死者应当继承的份额。

此外，根据相关法律规定，被继承人的遗产在分割时，应当为其未出生的胎儿保留继承份额，如胎儿出生后死亡的，由其继承人继承；如胎儿出生时就是死体的，由被继承人的继承人继承。如继承诉讼中出现此类情况，当事人还应当提供胎儿死亡的时间证明材料。

2.遗嘱继承人资格

只要有被继承人真实的意思表示，无论是法定继承人还是法定继承人以外的其他人都可以通过遗嘱继承的方式取得被继承人遗产。因此，在涉及遗嘱继承诉讼案件中，遗嘱是否有效将是决定遗嘱继承人是否具备继承资格的关键问题。

（1）有效遗嘱的形式条件。遗嘱有自书遗嘱、代书遗嘱、打印遗嘱、录音录像遗嘱、口头遗嘱和公证遗嘱这几种形式。而想要这几种形式的遗嘱合法有效，须各自具备相应的条件：自书遗嘱须由遗嘱人亲笔书写，签名，注明年、月、日；代书遗嘱应当有两个以上见证人在场见证，由其中一人代书，注明年、月、日，并由代书人、其他见证人和遗嘱人签名；打印遗嘱应当有两个以上见证人在场见证，遗嘱人和见证人应当在遗嘱的每一页签名，注明年、月、日；以录音录像形式立的遗嘱，应当有两个以上见证人在场见证，遗嘱人和见证人应当在录音录像中记录其姓名或者肖像，以及年、月、日；遗嘱人在危急情况下，可以立口头遗嘱，口头遗嘱应当有两个以上见证人在场见证，危急情况解除后，遗嘱人能够用书面或者录音录像形式立遗嘱的，所立的口头遗嘱无效；公证遗嘱由遗嘱人经公证机关办理。上述见证人应当是与继承没有牵连关系的人，无行为能力人、限制行为能力人、继承人、受遗赠人、与继承人或受遗赠人有利害关系的人均不能作为遗嘱见证人。

（2）无效遗嘱的情形。无行为能力人或者限制行为能力人所立的遗嘱无效。遗嘱必须表示遗嘱人的真实意思，受胁迫、欺骗所立的遗嘱无效。伪造的遗嘱无效。遗嘱被篡改的，篡改的内容无效。

综上所述，在涉及遗嘱继承的诉讼案件中，当事人若要证明遗嘱合法有效，应当对遗嘱形式合法、内容意思表示真实等事实提供证据材料；反之，当事人则应当对被继承人行为能力、遗嘱或遗赠扶养协议的真实性、合法性、优先性以及见证人资格等事实提供证据材料。

3.继承权丧失的问题

（1）在某些情形下，虽然继承人的身份符合继承遗产的法律要件，但如若继承人故意杀害被继承人，为争夺遗产而杀害其他继承人，遗弃被继承人或者虐待被继承人情节严重的，伪造、篡改或者销毁遗嘱情节严重的，均应当丧失继承权。

（2）在涉及遗赠的继承诉讼中，受遗赠人应当在知道受遗赠后 2 个月内，作出接受或者放弃受遗赠的表示。到期没有表示的，视为放弃受遗赠。遗嘱继承或者遗赠附有义务的，继承人或者受遗赠人应当履行义务。没有正当理由不履行义务的，经有关组织或者个人请求，人民法院可以取消他接受附义务部分遗产的权利。

（3）继承人以外的组织或者个人与自然人签订遗嘱扶养协议后，无正当理由不履行，导致协议解除的，不能享有受遗赠的权利，且其支付的供养费用一般不予补偿。

因此，倘若继承诉讼中，当事人存在丧失继承权利的情形的，对方当事人也可以就以上事实提供证据材料进行证明。总之，继承权是当事人进行继承诉讼的基础，也是继承诉讼中首先要解决的问题。

（二）遗产范围的问题

遗产是公民死亡时遗留的个人合法财产，包括公民的收入；公民的房屋、储蓄和生活用品；公民的林木、牲畜和家禽；公民的文物、图书资料；法律允许公民所有的生产资料；公民的著作权、专利权中的财产权利以及有价证券和履行标的为财物的债权等。分割个人在共同财产中的遗产时，要先分出他人的财产，剩余的才可以作为遗产进行继承分配。

当事人在进行继承诉讼时，必须要对遗产的范围和金额进行确定。无论是提出主张或是抗辩，都应当根据上述指引，收集和提交相应的证据材料。

（三）遗产分配的问题

遗产如何在数继承人之间分配往往是继承案件中当事人最为关注的问题。因此，当事人若能提前了解和掌握人民法院进行遗产分配的规则，就能够在诉讼中提出更加准确、对自己更为有利的诉讼主张或抗辩，规避对自己不利的风险。根据相关法律和司法解释的规定，人民法院对遗产进行分配的规则如下：

（1）同一顺序继承人继承遗产的份额，一般应当均等。继承人协商同意的，也可以不均等。

（2）对生活有特殊困难的缺乏劳动能力的继承人，分配遗产时，应当予以照顾。

（3）对被继承人尽了主要扶养义务或者与被继承人共同生活的继承人，分配遗产时，可以多分。

（4）代位继承人缺乏劳动能力又没有生活来源，或者对被继承人尽过主要赡养义务的，分配遗产时，可以多分。

（5）对继承人以外的依靠被继承人扶养的缺乏劳动能力又没有生活来源的人，或者继承人以外的对被继承人扶养较多的人，可以分配给他们适当的遗产。

（6）遗嘱继承人放弃继承、丧失继承权或者受遗赠人放弃受遗赠的，遗嘱无效部分所涉及和遗嘱未处分的遗产，按照法定继承进行分配。

（7）被继承人生前与他人订有遗赠抚养协议，同时又立有遗嘱，继承开始后，如果遗赠抚养协议与遗嘱没有抵触，遗产分别按协议和遗嘱进行分配；如果有抵触，应当按协议分配。

（8）有扶养能力和有扶养条件的继承人，不尽扶养义务的，分配遗产时，应当不分或者少分。

（9）人民法院对故意隐匿、侵吞或争抢遗产的继承人，可以酌情减少其应继承的遗产。

案例指引

韩某与前夫李金结婚后生育大儿子李强及二儿子李某。韩某与李金于1969年8月1日离婚，约定李强由李金抚养，李某由韩某抚养。韩某与张××于1973年3月22日登记结婚，婚后生育女儿张某。儿子李某8岁起跟随韩某与继父张××、张某共同居住生活。

张某与郑某于1997年6月2日登记结婚。韩某和张××于2003年购买了单位集资房××市××区海滨大道北××房。张××于2008年5月27日病故。韩某于2020年2月2日订立一份遗嘱，并于同日到××市公证处公证遗嘱，××市公证处作出（2020）×证内字第××号《公证书》，内容为："本人和丈夫张××于2003年购买了位于××市×××房，持有《收款收据》和《证明》为据。丈夫已于2008年5月27日病故。由于本人年老有病，特立下该遗嘱：待本人死后，将上述房屋属于自己所有的产权份额及日后继承丈夫的遗产份额全部遗留给女儿张某和女婿郑某继承，其他人不得干涉。本遗嘱制作一式三份，××市公证处存档一份，执行人是张某、郑某"。韩某于 2021 年 1 月 18 日死亡。

2021 年 8 月，房屋因三旧改造要求变更所有权人，但因张某、郑某与李某存在矛盾，导致无法协商办理房屋变更过户手续。现张某、郑某二人起诉李某，请求法院判令××市××区海滨大道北××房 87.5% 所有权归张、郑二人所有，李某所属部分 12.5% 折合成 6.125 万元由张、郑二人补偿，房屋全部所有权归张、郑二人所有，李某协助张、郑二人办理房屋过户手续。为证明上述事实，二原告提供了韩某与李金的离婚协议书、韩某与张×× 的结婚证和购房手续、韩某的遗嘱、二原告的结婚证。

被告李某辩称，继父张×× 2008 年 5 月 27 日病故，母亲韩某 2019 年 8 月 19 日中风昏迷，虽经过专家治疗但依然留下严重的后遗症，生活不能自理，意识模糊，神志不清，在母亲第二次住院期间，自己常伴左右。2020 年 1 月，两原告曾请 ××市公证处人员上门帮母亲韩某办理遗嘱公证，但是公证处人员认为韩某不具备民事行为能力，所以公证遗嘱并未办理。2020 年 2 月 2 日，两原告带母亲韩某到××市公证处公证遗嘱，并没有通知自己和大哥李强到场，不合情理，自己和大哥李强在案件受理后才得知"公证书"的存在，该公证书应属无效。

李某还认为，2021 年 1 月 18 日母亲韩某病故，继承人应为自己和大哥李强、妹妹张某。母亲韩某虽立有遗嘱，但其立遗嘱受到两原告的欺骗，故公证遗嘱应属无效，因此主张涉案房屋由自己与原告张某、李强三人共同所有，各占 1/3 房屋所有权。李某未提交任何证据材料。

本案件人民法院经审理后查明，张×× 向其所在单位购买的 ××市××区海滨大道北××房建筑面积 101.94 平方米。经两原告申请，人民法院依法委托×××土地房地产评估有限公司对该房现时价值进行评估，评估价为 53.5 万元。两原告对房屋评估价无异议，被告认为评估价偏低，经人民法院释明，被告不要求对房屋价值重新进行评估。被告自韩某死亡后即搬离涉案房屋，该房一直由两原告居住至今。

人民法院认为，该案为遗嘱继承纠纷。该案的争议焦点是继承人的认定问题、韩某所立的公证遗嘱的效力问题、韩某所立的公证遗嘱对原告郑某是否有效的问题、涉案房屋应如何处理的问题。

关于继承人的认定问题，根据《中华人民共和国民法典》第 1123 条及第 1127 条的规定，继承开始后，优先按照遗嘱办理，配偶及子女是第一顺序继承人，继子女享有继承权的前提是继子女与被继承人具有扶养关系。原告系张××与韩某生育的女儿，故原告属于继承人；韩某与张××结婚时携带被告李某与张××共同居住生活，当时被告李某年仅 8 岁，其跟随张××及韩某生活至张××死亡，其与张××之间已形成继父子关系，故被告也是本案继承人。至于李强，由于李强父亲李金与韩某离婚时约定李强由其父亲抚养，故李强不属于本案继承人。涉案房屋虽未办理房屋产权证，但属于张××与韩某婚姻关系存续期间购买，属于两人的夫妻共同财产。张××死亡后，其享有涉案房屋一半的所有权由被继承人韩某、原告张某和被告李某各继承三分之一份额，故韩某占有的房屋所有权份额应为 5/6（1/2+1/3），原告张某及被告李某继承张××房屋所有权份额均为 1/6。

关于韩某所立公证遗嘱的效力问题，被继承人韩某生前对涉案房屋中属其所有的份额及其继承张××的份额由谁继承的问题已立下书面遗嘱，并经××市公证处办理公证，根据《中华人民共和国民法典》第 1123 条、第 1139 条及《中华人民共和国公证法》第 36 条的规定，公证遗嘱非经法定程序不能否定其法律效力，被告对公证遗嘱不知情并不影响该公证遗嘱的效力，被继承人韩某于 2020 年 2 月 2 日所立的公证遗嘱合法有效，应予以确认。

关于韩某所立的公证遗嘱对原告郑某是否有效的问题，郑某不是张××、韩某的继承人，由于韩某在公证遗嘱中确定属于其所有的房屋份额及继承张××遗留的房产份额全部由原告张某和郑某继承，因此涉案房屋应按遗嘱继承及遗赠办理。《中华人民共和国民法典》第 1133 条第 3 款规定，自然人可以立遗嘱将个人财产赠与国家、集体或者法定继承人以外的组织、个人。由于遗赠应属遗赠人死亡后生效的法律行为，将财产赠与他人的意思表示，虽然是在生前做出的，但只有于遗赠人死亡后该遗赠才发生法律效力。被继承人韩某于 2021 年 1 月 18 日死亡，此时该遗赠才生效，公证遗嘱对原告郑某具有法律效力。

关于涉案房屋如何处理的问题，韩某占有的房屋所有权份额应为 5/6（1/2+1/3），原告张某及被告李某继承张××房屋所有权份额均为 1/6。韩某死亡后确定其占有的房屋所有权份额均由原告张某和郑某继承，故原告张某、郑某占有涉案房屋份额合计 5/6（2/3+1/6），被告李某继承涉案房屋份额为 1/6。根据《中华人民共和国民法典》第 1156 条的规定，涉案房屋为不宜分割的不动产，应按有利于生产和生活需要的原则，采取折价补偿的方式处理，由一方继承房屋的所有权，并折价补偿折价款给另一方。鉴于涉案房屋一直由两原告居住，且两原告占有的房屋份额比例较大，故人民法院确定涉案房屋归两原告所有，由两原告支付房屋折价补偿款给被告。因此，两原告应支付房屋折价补偿款 89 167 元（53.5 万元 × 1/6）给被告。关于两原告要求被告协助办理房屋过户手续的诉讼请求，鉴于涉案房屋尚未办理房产证，故涉案房屋不存在办理房屋过户手续，但因被告是本案继承人之一，被告负有协助两原告办理涉案房屋的产权登记手续的义务。

参考案例一

包永与李兰系夫妻关系，二人婚后育有三子，分别为长子包军、次子包忠、三子包诚。1994 年，包永与李兰参加单位房改，并于 2001 年 4 月 5 日取得位于某市某区 ×× 院 ×× 楼 ×× 单元 ×× 房屋一套，建筑面积 45.83 平方米，现价值 60 万元。李兰于 2002 年 8 月 11 日去世。次子包忠与万某婚后育有一女包丽，一家三口一直居住在这套房改房里。次子包忠于 2011 年 1 月 8 日去世，包永于 2021 年 2 月 14 日去世。后该房屋一直由包丽及万某居住。母女二人为维持生计，在该房屋内开设了一个小卖部。

现包军、包诚作为原告向人民法院起诉包丽及万某，要求各自继承被继承人房屋价值款三分之一的房款 20 万元；要求各自继承被继承人房屋租金，因该租金未作出评估意见，房屋租金以每月 3000 元计算，从 2021 年 2 月 13 日计算至该房屋实际过户之日止；要求二被告向二原告支付以上继承款后，被继承人位于某市某区 ×× 院 ×× 楼 ×× 单元 ×× 号房屋归二被告继承所有；要求本案诉讼费及评估费由二被告承担。

参考案例二

父亲许某于 2021 年 3 月 31 日去世，其妻子曾某于 2015 年 2 月 5 日去世。二人生前共育有四个子女，分别为长子许某大、长女许某二、次女许某三、三女许某四。2021 年 4 月 1 日，许某大将徐某中国交通银行 20 万元存款取走，并注销了该账户。4 月 2 日，许某大将许某中国银行 70 万元存款取走。2021 年 11 月 23 日，三姐妹与大哥就许某遗产问题达成《遗产继承分配协议》，其中第 3 条约定，父亲许某在中国交通银行、中国银行分别留有共两份银行存折，四人同意办理公证后到银行进行查询，取出现金按照每人四分之一分配。三姐妹找到许某大要求按协议分钱遭拒。许某大提出现在不同意按照四分之一的份额进行分配，希望留给其儿子一份，即按照五分之一的份额进行分配。三姐妹遂对许某大提起诉讼，要求按照协议分割父亲遗产。

第十二章 合同纠纷案件的模拟实训

【本章学习目标】

知识目标

模拟常见典型合同纠纷案件证据的调查与收集，学会对常见合同纠纷案件的证据进行质证，掌握常见合同纠纷案件的审理策略。

能力目标

能够作为常见合同纠纷案件中任意一个角色，完成诉讼任务。

素质目标

理解处理常见合同纠纷案件的法律规则，树立自身权利保护意识及尊重他人权利的意识。

第一节 买卖合同纠纷案件的模拟实训

本节实训任务

正确确定买卖合同纠纷案件案由，归纳买卖合同纠纷案件的特点。作为审判组成员根据双方当事人的诉求确定案件争议的焦点，完成对双方证据的审核和判断，作出正确裁判；作为当事人及诉讼代理人根据案情确定具体诉讼请求及答辩意见，全面提供证据，进行质证、法庭辩论。全体团队成员能根据参考案例完成买卖合同纠纷案件的整个模拟审判流程。

基本知识指引

一、买卖合同纠纷案件概述

（一）买卖合同的概念

根据民法典规定，买卖合同是出卖人转移标的物的所有权于买受人，买受人支付价款的合同。

（二）买卖合同的特征

（1）买卖合同是有偿合同

买卖合同是有偿合同，法律对其他有偿合同的事项未作规定时，参照买卖合同的规定。当事人约定易货交易，转移标的物的所有权的，参照买卖合同的有关规定。

（2）买卖合同是双务合同

在买卖合同中，买方和卖方都享有一定的权利，承担一定的义务。而且，其权利和义务存在对应关系，即买方的权利就是卖方的义务，买方的义务就是卖方的权利。

（3）买卖合同是诺成合同

买卖合同自双方当事人意思表示一致就可以成立，不以一方交付标的物为合同的成立要件，当事人交付标的物属于履行合同。

（4）买卖合同一般是不要式合同

通常情况下，买卖合同的成立、有效并不需要具备一定的形式，但法律另有规定者除外。

（三）买卖合同的当事人

买卖合同的当事人中，出卖财产的一方称为出卖人或卖方，接受财产并支付价款的一方称为买受人或买方。除有特别规定外，平等主体的自然人、法人或其他组织均可作为买卖合同的任何一方当事人。

（四）买卖合同的内容

买卖合同的内容一般包括标的物的名称、数量、质量、价款、履行期限、履行地点和方式、包装方式、检验标准和方法、结算方式、合同使用的文字及其效力等条款。

1.出卖人的义务

出卖人应当履行向买受人交付标的物或者交付提取标的物的单证，并转移标的物所有权的义务。出卖人应当按照约定或者交易习惯向买受人交付提取标的物单证以外的有关单证和资料。出卖人应当按照约定的时间交付标的物。约定交付期限的，出卖人可以在该交付期限内的任何时间交付。出卖人应当按照约定的地点交付标的物。标的物毁损、灭失的风险，在标的物交付之前由出卖人承担，交付之后由买受人承担，但是法律另有规定或者当事人另有约定的除外。

2.买受人的义务

买受人应当按照约定的数额、支付方式、地点、时间支付价款。因标的物不符合质量要求，致使不能实现合同目的的，买受人可以拒绝接受标的物或者解除合同。买受人收到标的物时应当在约定的检验期限内检验。没有约定检验期限的，应当及时检验。当事人约定检验期限的，买受人应当在检验期限内将标的物的数量或者质量不符合约定的情形通知出卖人。买受人怠于通知的，视为标的物的数量或者质量符合约定。当事人没有约定检验期限的，买受人应当在发现或者应当发现标的物的数量或者质量不符合约定的合理期限内通知出卖人。买受人在合理期限内未通知或者自收到标的物之日起二年内未通知出卖人的，视为标的物的数量或者质量符合约定；但是，对标的物有质量保证期的，适用质量保证期，不适用该二年的规定。出卖人知道或者应当知道提供的标的物不符合约定的，买受人不受前两款规定的通知时间的限制。

二、人民法院对买卖合同纠纷案件的审查

（一）案由的确定

根据《最高人民法院民事案件案由规定》，买卖合同纠纷包括如下子类案由：（1）分期付款买卖合同纠纷；（2）凭样品买卖合同纠纷；（3）试用买卖合同纠纷；（4）所有权保留买卖合同纠纷；（5）招标投标买卖合同纠纷；（6）互易纠纷；（7）国际货物买卖合同纠纷；（8）信息网络买卖合同纠纷。

（二）对案件事实的审查

（1）查清买卖合同关系的形成情况。双方建立合同关系的时间、地点，有无书面协议；买卖关系的成立是否当事人的真实意思表示，有无欺诈、胁迫、乘人之危、重大误解等违背当事人真实意思的行为。

（2）当事人之间没有书面合同，一方以送货单、收货单、结算单、发票等主张

存在买卖合同关系的，人民法院应当结合当事人之间的交易方式、交易习惯以及其他相关证据，对买卖合同是否成立作出认定。对账确认函、债权确认书等函件、凭证没有记载债权人名称，买卖合同当事人一方以此证明存在买卖合同关系的，人民法院应予支持，但有相反证据足以推翻的除外。

（3）当事人是否正当。买卖合同纠纷案件中的原告、被告、第三人都应当是直接参与买卖关系的当事人，与买卖关系所产生的法律后果有直接利害关系。

（4）买卖双方对标的物的质量、价款、支付方式、标的物转移的时间以及违约责任有无明确约定。

（5）查清出卖人是标的物的所有权人，还是合法占有或非法占有人。财产所有关系是单一所有还是共同共有。这影响到出卖人是否有权处分，若出卖人为无权处分，还要审查购买人是否为善意，标的物是否已经交付。

（6）需要办理登记的手续。例如，机动车买卖是否按照规定办理所有权转移登记手续。

（7）以格式条款订立的合同。根据《民法典》的规定，格式条款是当事人为了重复使用而预先拟定，并在订立合同时未与对方协商的条款。采用格式条款订立合同的，提供格式条款的一方应当遵循公平原则确定当事人之间的权利和义务，并采取合理的方式提示对方注意免除或者减轻其责任等与对方有重大利害关系的条款，按照对方的要求，对该条款予以说明。提供格式条款的一方未履行提示或者说明义务，致使对方没有注意或者理解与其有重大利害关系的条款的，对方可以主张该条款不成为合同的内容。对格式条款的理解发生争议的，应当按照通常理解予以解释。对格式条款有两种以上解释的，应当作出不利于提供格式条款一方的解释。格式条款和非格式条款不一致的，应当采用非格式条款。

（8）买卖过程中有无规避法律、恶意串通，损害国家集体和他人利益，以及违反法律和社会公共利益的违法行为。

三、证据的调查与收集

买卖合同纠纷案件当事人一般提交下列证据。

（一）原告方要提交的证据

1.证明当事人诉讼主体资格的证据

当事人为自然人的，应提交其身份证明资料，如身份证或户口本等；当事人为法人或其他组织的，应提交营业执照副本或由有关机关出具的登记查询证明、社团法人登记证、法定代表人身份证明等。

2.证明买卖关系存在的证据

例如，买卖合同、供货协议；订（定）货单；证明口头协议成立和生效的证据，如证人证言、实际履行凭证等。

3.证明协议履行情况的证据

例如，交货凭证、收货凭证、交货单、送货单、提货单、收货单、入库单、运单等。证明尚欠款的凭证：结算清单、欠条、还款计划、还款承诺书，其他能证明欠货款事实的信函等。收货方提出质量异议的证据：信函、证人证言、有关单位的证明、检验报告书、客户投诉、退货及索偿的往来函件等。如有担保人或介绍人，必须提供担保人或介绍人的姓名、性别、年龄、工作单位、家庭住址，若担保人是单位，必须提供其单位名称、法定代表人、地址等情况。

当事人诉讼请求的计算清单，并注明计算方法、依据等。

（二）被告方要提交的证据

买卖合同纠纷的被告方要提交的证据主要是足以证明债务已经履行或已经发生变更或者已消灭的证据材料等。

四、买卖合同纠纷案件的审理

（1）当事人没有约定交付地点或者约定不明确的，适用下列规定：

①标的物需要运输的，出卖人应当将标的物交付给第一承运人以运交给买受人；

②标的物不需要运输，出卖人和买受人订立合同时知道标的物在某一地点的，出卖人应当在该地点交付标的物；不知道标的物在某一地点的，应当在出卖人订立合同时的营业地交付标的物。

（2）出卖人按照约定或者依据规定将标的物置于交付地点，买受人违反约定没有收取的，标的物毁损、灭失的风险自违反约定时起由买受人承担。

（3）买受人有确切证据证明第三人对标的物享有权利的，可以中止支付相应的价款，但是出卖人提供适当担保的除外。

（4）当事人约定减轻或者免除出卖人对标的物瑕疵承担的责任，因出卖人故意或者重大过失不告知买受人标的物瑕疵的，出卖人无权主张减轻或者免除责任。

（5）买受人应当按照约定的地点支付价款。对支付地点没有约定或者约定不明确，买受人应当在出卖人的营业地支付；但是，约定支付价款以交付标的物或者交付提取标的物单证为条件的，在交付标的物或者交付提取标的物单证的所在地支付。

（6）出卖人多交标的物的，买受人可以接收或者拒绝接收多交的部分。买受人接收多交部分的，按照约定的价格支付价款；买受人拒绝接收多交部分的，应当及时通知出卖人。

（7）标的物在交付之前产生的孳息，归出卖人所有；交付之后产生的孳息，归买受人所有。但是，当事人另有约定的除外。

案例指引

2020年3月8日，原告×××在女友陪同下与被告××房地产开发公司签订标的为18号公寓的房屋预售合同，合同号为00108。合同约定购买18号公寓，价款总额为100万元，以首付定金20万元和后期付款80万元的方式，先后分两次付清房款。被告于2021年3月之前交付房屋。如果逾期不能交付，被告应该承担相应的违约责任。现被告已在合同逾期近1年后仍未交付房屋，其间原告多次向被告询问而被告均未给予合理答复，此行为已构成严重违约，造成原告生活的不便及利益的损失。《中华人民共和国民法典》第578条规定：当事人一方明确表示或者以自己的行为表明不履行合同义务的，对方可以在履行期限届满之前要求其承担违约责任。因此原告认为，被告的违约行为严重损害了原告依据合同和法律应当享有的权力和利益，直接造成原告较大的损失，依法应当予以赔偿，因此向人民法院提起诉讼。

被告提出答辩如下：（1）被答辩人在此次诉讼中的诉讼主体资格不成立。其理由如下：我方虽然在2020年3月8日与被答辩人签订了房屋预售合同，但在2020年12月8日，被答辩人的女友拿着被答辩人的委托代理书，要求把签订合同的当事人变更为××商贸有限责任公司与被告××房地产开发公司。于是签订了变更00108号合同当事人的00456号合同，合同主体从原告×××与我方公司，变更为××商贸有限责任公司与被告××房地产开发公司。原告女友带着原告的委托代理书来变更合同，我方完全可以认为原告已经和××商贸有限责任公司协商一致。所以，我方××房地产公司现在与被答辩人原告已经不存在房屋买卖关系，被答辩人的诉讼主体资格不成立。（2）被答辩人在诉讼状中叙述的案件基本事实与实际的基本事实不符。本案的基本事实是：2020年3月，被答辩人与其当时的女友与我方××房地产开发公司签订18号公寓的房屋预售合同，合同号为00108。按照合同约定，我方应在2021年3月之前交付房屋，如若不能按期交付，则我方应承担相应的违约责任。但我方未按合同要求交付房屋并非有意不按期交付，而是客观的不可抗力原因造成的。因2020年6月曾发生洪涝灾害导致工期延误，后又因为了按期完工加重工人负担而导致工人罢工，所以才不能按时交付房屋。按照《中华人民共和国民法典》第590条的规定：因不可抗力不能履行合同的，根据不可抗力的影响，或者全部免除责任，但法律另有规定的除外。当事人迟延履行后发生不可抗力的，不能免除责任。本法所称不可抗力，是指不能预见、不能避免并不能克服的客观情况。根据对不可抗力的定义，不可抗力包括自然灾害、政府行为以及社会异常行为。洪涝灾害属于自然灾害，而罢工属于社会异常行为。所以我方由于不可抗力无法按期交付房屋，不应该承担违约责任。综上所述，被答辩人提出的，我方按合同约定退还购房款80万元、支付购房款利息20万元和双倍返还定金40万元，无任何事实和法律依据。请求法院依法驳回被答辩人对我方的所有诉讼请求。

原告方应收集、提交的证据：（1）房屋预售合同书；（2）原告定金支付发票；（3）原告支付购房款发票；（4）变更合同委托书笔迹鉴定。上述证据用以证明原告是合法的合同主体。

被告方对上述证据可发表的异议：证据（1）是商品房预售合同00108号合同书，我方对其是否与本案具有关联性存在异议。因为此合同已经变更合同主体，新的合同生效，而原合同即00108号合同失去了效力。因此与本案不具有关联性。证据（4）是变更合同委托书的笔迹鉴定书。我方对笔迹鉴定的真实性与合法性存在异议，我方请求法院重新进行鉴定。

法庭归纳本案的争议焦点：（1）18号公寓预售房屋的权利人是原告还是第三人××商贸公司。（2）被告所提出的不可抗力因素是否可以作为逾期交付房屋的合理原因，被告是否应该承担违约责任。

合议庭评议认为：合同的变更是当事人通过要约、承诺的方式，经协商一致达成的。任何一方未经对方同意，都不得改变合同的内容。原告女友与××房地产开发公司进行合同变更操作时提供的委托书系原告女友伪造，并不是原告的真实意思表示，因此，原告女友与被告××房地产开发公司进行的变更合同操作是无效的。18号公寓预售房屋的权利人应当属于原告。由于××房地产开发公司对原告女友私自代替原告进行合同变更操作的行为没有调查清楚，所以被告×房地产开发公司应当承担合同变更操作的错误责任。综上所述，依据《中华人民共和国民法典》第543条和第590条之规定，进行宣判：驳回第三人××商贸有限责任公司的所有诉讼请求；判处被告退还原告购房款80万元，双倍返还定金40万元，支付购房款利息35 000元；本案案件受理费16 860元由第三人负担8 430元，被告负担 8 430 元。

参考案例一

金某从事苹果收购工作，果农将苹果存放在某果业公司有限责任公司交由金某代为销售。2021 年 5 月 2 日，崔某替某电子商务公司向金某以每斤 4.6 元的价格订购苹果 28 000 斤，价款共计 128 800 元，该批苹果于两天后装运结束。后崔某向金某表明想全部订购金某的苹果，但因价格问题双方未达成协议。几天后，某电子商务公司将装运苹果的 30 000 个纸箱运到某果业公司院内，要求金某接受该批纸箱，由于金某与某电子商务公司未达成销售协议，金某拒收该批纸箱。后某电子商务公司的工作人员许某找到金某，并于 2021 年 5 月 17 日与金某达成苹果销售的口头协议，约定：某电子商务公司以每斤 5 元的价格向金某订购苹果 160 000 斤，总价款 800 000 元，于 2021 年 6 月 18 日装运结束；付款方式为：某电子商务公司先行装运苹果，欠款每达到 200 000 元就向金某支付；装运方式为：某电子商务公司从网络平台与他人达成苹果销售协议后，指定公司工作人员刘某、陈某将贮存的苹果装箱后交给指定的快递公司送达各买受人。协议达成后某电子商务公司于当天支付定金 50 000 元，金某交货后应某电子商务公司要求于 5 月 21 日向税务机关进行纳税申报并将税票出具给某电子商务公司。某电子商务公司前后装运苹果 100 000 斤，价款 500 000 元，分六次打款 280 000 元，在尚欠 220 000 元的情况下于 2021 年 7 月 1 日停止装运苹果。金某多次要求某电子商务公司装运苹果，清偿剩余欠款，但某电子商务公司以各种理由拖延支付欠款、装运苹果。由于苹果已经出售，果农催要苹果款，以及果库贮存费用、人工费用等各项费用的支出，致使金某经营困难。某电子商务公司的拖欠行为导致金某不能偿还相应借款，支付较高的利息，使得金某的生活全面陷入困境。依《中华人民共和国民法典》第 577 条的规定，某电子商务公司拖欠金某货款已构成违约，应承担违约责任，向金某支付逾期付款利息。金某将某电子商务公司起诉到法院。

某电子商务公司辩称，金某的诉讼请求没有事实和法律依据，请法院驳回。金某与某电子商务公司之间未签订购销合同，也未形成事实上的买卖合同关系，某电子商务公司没有承担责任的义务；金某在诉状中称与其签订协议的许某、刘某、陈某都不是某电子商务公司的员工，某电子商务公司没有授权该三人与金某签订合同；金某向法院提交的发票为单方开具，某电子商务公司从未要求金某开具发票，发票并不能直接证明双方有实际供货关系；对金某诉请的各项费用，因金某与某电子商务公司之间没有签订合同，金某也没有提交证据证明其所诉价款，请求法院驳回金某的诉讼请求。

当事人围绕诉讼请求依法提交了证据。

（一）金某提交的证据

（1）税票1张、纸箱2个（实物），金某称税票系某电子商务公司让金某开的，纸箱是某电子商务公司的，拟证明金某与某电子商务公司之间存在买卖合同关系，合同总价款为80万元的事实。

（2）果品储存库租赁合同复印件1份、安全生产管理承诺书复印件1份、客户文明经商承诺书复印件1份、贮存果品短期周转资金借款协议书复印件1份，拟证明金某以每天200元的价格租赁某果业公司冷库储存苹果及向某果业公司借款收购苹果，某电子商务公司的拖欠行为导致金某至今没有偿还借款，承担每万元每天3.5元利息的事实。

（3）通知1份，拟证明因某电子商务公司不装运苹果导致金某一直支付贮存费的事实。

（4）考勤表1份，拟证明金某雇佣工人给某电子商务公司装运货物支付人工费12600元的事实。

（5）某果品塑料包装销货单复印件1份，拟证明金某为某电子商务公司装货支付网套费5 880元的事实。

（6）收条4张，拟证明因某电子商务公司未及时取货，金某支付清理苹果的人工费和运费4 400元、清理苹果后的纸箱转移费2 100元。

（7）入库单1张、账本23页、发货单打印件12张，拟证明金某为某电子商务公司订购苹果并发货，某电子商务公司尚欠货款22万元没有支付的事实。

（8）金某申请的证人李某的证言，内容为：李某给金某包苹果，金某把苹果卖给了别人，讲诚信，给后面来的客人没有卖，现在苹果没卖出去，也没拿到钱。李某不知道金某将苹果卖给了谁。李某记不清其工资是谁发的了。

（9）金某申请的证人王某的证言，内容为：王某给金某打箱子，至今没有拿到钱。金某的苹果给一个老板出售了，后面有人来购买，金某和那个老板都不让卖，金某一直没有拿到钱。

（10）金某申请的证人杨某的证言，内容为：杨某是某果业公司的负责人，金某的第一批货就存在某果业公司，当时金某和其客人在某果业公司的办公室商量了订购价款和数量，数量是160 000斤，每斤5元；杨某不知道当时和金某在一起的人的名字，只听到了谈话内容，对方好像是个电商，具体是哪个电商杨某不知道；货物出库有出库单，出库时金某签字；金某存在某果业公司的苹果全部被电商订购了，其间杨某听金某说电商拉来箱子，让杨某找地方放箱子；电商第一次派来了一个半挂，拉走的多，后来由于气温升高，箱子里的苹果容易发霉，后面装箱的苹果是断断续续来车拉走的，还剩一些一直在库里放着；在某果业公司办公室里和金某协商购买事宜的电商和派半挂车拉走苹果的电商是同一家公司的。

（二）某电子商务公司提交的证据

（1）考勤表复印件 2 份，拟证明金某诉状中提到的刘某、陈某、许某不是某电子商务公司的员工。

（2）企业信息打印件 1 份，拟证明许某非某电子商务公司职工，而是某种植农民专业合作社的法定代表人。

参考案例二

原告：林某。被告：某纺织品有限公司。法定代表人：罗某。被告：罗某。

原告诉称，被告自 2021 年 3 月开始向原告购 30×68 规格人造棉面料，起先货款付清，自 5 月开始被告以资金紧张为由提出欠原告一部分货款。原告念及被告前期货款都能付清，并欲建立长期合同，便同意被告要求。但自 5 月欠货款 61 490 元后，被告一直不肯偿还。原告多次电话催款，被告均失信于原告，并多次开具空头支票。故起诉要求判令被告立即支付原告货款 61 490 元及相关利息，本案诉讼费用由被告承担。庭审中，原告明确利息诉讼请求为自 2021 年 6 月 16 日起至 2021 年 11 月 15 日止按银行同期贷款利率计算的利息损失。

被告某纺织品有限公司辩称：原、被告之间发生的贸易总额达 40 多万元，但原告至今未向被告提供相应的增值税发票，因此原告违反合同附随义务在先，被告享有先履行抗辩权，原告无权要求被告先支付货款。其次，原告主张利息损失缺乏事实依据，且原告利息请求不明确，应驳回其利息诉讼请求。

被告罗某辩称：其是某纺织品有限公司的法定代表人，其出具欠条的行为纯粹系职务行为，且欠条上也加盖了纺织品有限公司的公章，因此其并不是适格的被告。其余答辩意见与被告某纺织品有限公司一致。

原告为证明其诉讼主张，在举证期限内提交了欠条和中国农业银行现金支票各一份，以证明两被告欠原告货款 61 490 元，且被告某纺织品有限公司曾为支付上述货款而开具支票的事实，并说明该支票实际系空头支票，未能兑现。

对于原告提供的证据，两被告经质证认为：真实性和合法性均无异议，但欠条并不能证明两被告与原告之间存在买卖关系，且在欠条背面原告对双方实际交易往来金额进行了记载，要求原告按欠条背面记载的金额开具全部增值税发票。

被告某纺织品有限公司为证明原告销售的人造棉面料存在质量问题向法院提出鉴定申请，但因原、被告双方无法对鉴定物确认一致，该鉴定无法进行。

第二节　借款合同纠纷案件的模拟实训

本节实训任务

结合借款合同纠纷案件的特点，作为审判组成员根据双方当事人的诉求确定借款合同纠纷案件争议的焦点，完成对双方证据的审核和判断，作出正确裁判；作为当事人及诉讼代理人根据案情确定具体诉讼请求及答辩意见，提供证据，进行法庭辩论。

基本知识指引

一、借款合同纠纷案件概述

（一）借款合同的概念

根据《中华人民共和国民法典》的规定，借款合同是借款人向贷款人借款，到期返还借款并支付利息的合同。借款合同应当采用书面形式，但是自然人之间借款另有约定的除外。借款合同的内容一般包括借款种类、币种、用途、数额、利率、期限和还款方式等条款。

（二）借款合同当事人的权利和义务

1. 贷款人的合同义务

贷款人应当按照借款合同约定，按期足额提供借款。贷款人未按照约定的日期、数额提供借款，造成借款人损失的，应当赔偿损失。另外，借款的利息不得预先在本金中扣除，利息预先在本金中扣除的，借款人有权按照实际借款数额返还借款并计算利息。

2. 借款人的合同义务

订立借款合同，借款人应当按照贷款人的要求提供与借款有关的业务活动和财务状况的真实情况。

借款人应按照约定的日期、数额收取借款。借款人未按照约定的日期、数额收取借款的，应当按照约定的日期、数额支付利息。

借款人应当按照约定的借款用途使用借款。借款人未按照约定的用途使用借款的，贷款人可以停止发放借款、提前收回借款或者解除合同。

在贷款人按照合同约定检查、监督借款的使用情况时，借款人应当按照约定向贷款人定期提供有关财务报表或者其他资料。

借款人应当按期返还借款及支付利息。

二、人民法院对案件的审查

（一）借款合同纠纷案由的确定

根据《最高人民法院民事案件案由规定》，借款合同纠纷为三级案由，其下包含金融借款合同纠纷、同业拆借纠纷、民间借贷纠纷、小额借款合同纠纷、金融不良债权转让合同纠纷、金融不良债权追偿纠纷六个四级案由。

（二）管辖

借款合同纠纷适用特殊地域管辖，被告住所地和合同履行地人民法院有管辖权。借贷双方就合同履行地未约定或者约定不明确，事后未达成补充协议，按照合同有关条款或者交易习惯仍不能确定的，以接受货币一方所在地为合同履行地。

（三）对案件事实的审查

1. 审查案件法律关系

原告以借据、收据、欠条等债权凭证为依据提起民间借贷诉讼，被告依据基础法律关系提出抗辩或者反诉，并提供证据证明债权纠纷非民间借贷行为引起的，人民法院应当依据查明的案件事实，按照基础法律关系审理。当事人通过调解、和解或者清算达成的债权债务协议，不适用此规定。

当事人以签订买卖合同作为民间借贷合同的担保，借款到期后借款人不能还款，出借人请求履行买卖合同的，人民法院应当按照民间借贷法律关系审理，并向当事人释明变更诉讼请求。当事人拒绝变更的，人民法院裁定驳回起诉。

2. 审查是否存在虚假诉讼情形

人民法院审理民间借贷纠纷案件时发现有下列情形，应当严格审查借贷发生的原因、时间、地点、款项来源、交付方式、款项流向以及借贷双方的关系、经济状况等事实，综合判断是否属于虚假民事诉讼：

（1）出借人明显不具备出借能力；

（2）出借人起诉所依据的事实和理由明显不符合常理；

（3）出借人不能提交债权凭证或者提交的债权凭证存在伪造的可能；

（4）当事人双方在一定期间内多次参加民间借贷诉讼；

（5）当事人一方或者双方无正当理由拒不到庭参加诉讼，委托代理人对借贷事实陈述不清或者陈述前后矛盾；

（6）当事人双方对借贷事实的发生没有任何争议或者诉辩明显不符合常理；

（7）借款人的配偶或合伙人、案外人的其他债权人提出有事实依据的异议；

（8）当事人在其他纠纷中存在低价转让财产的情形；

（9）当事人不正当放弃权利；

（10）其他可能存在虚假民间借贷诉讼的情形。

经查明属于虚假民间借贷诉讼，原告申请撤诉的，人民法院不予准许，并应当根据《民事诉讼法》规定，判决驳回其请求。

三、证据的调查与收集、举证责任

出借人向人民法院起诉时，应当提供借据、收据、欠条等债权凭证以及其他能够证明借贷法律关系存在的证据。

原告仅依据借据、收据、欠条等债权凭证提起民间借贷诉讼，被告抗辩已经偿还借款，被告应当对其主张提供证据证明。被告提供相应证据证明其主张后，原告仍应就借贷关系的成立承担举证证明责任。

被告抗辩借贷行为尚未实际发生并能作出合理说明，人民法院应当结合借贷金额、款项交付、当事人的经济能力、当地或者当事人之间的交易方式、交易习惯、当事人财产变动情况以及证人证言等事实和因素，综合判断查证借贷事实是否发生。

原告仅依据金融机构的转账凭证提起民间借贷诉讼，被告抗辩转账系偿还双方之前借款或其他债务，被告应当对其主张提供证据证明。被告提供相应证据证明其主张后，原告仍应就借贷关系的成立承担举证证明责任。

负有举证证明责任的原告无正当理由拒不到庭，经审查现有证据无法确认借贷行为、借贷金额、支付方式等案件主要事实，人民法院对其主张的事实不予认定。

四、借款合同纠纷案件的审理

（一）诉讼主体

借款合同纠纷的当事人，通常为借款人与贷款人。

当事人持有的借据、收据、欠条等债权凭证没有载明债权人，持有债权凭证的当事人提起民间借贷诉讼的，人民法院应予受理。被告对原告的债权人资格提出有事实依据的抗辩，人民法院经审理认为原告不具有债权人资格的，判决驳回诉讼请求。

有保证人的，区分一般保证与连带保证两种不同情形处理：保证人为借款人提供连带责任保证，出借人仅起诉借款人的，人民法院可以不追加保证人为共同被告；出借人仅起诉保证人的，人民法院可以追加借款人为共同被告。保证人为借款人提供一般保证，出借人仅起诉保证人的，人民法院应当追加借款人为共同被告；出借人仅起诉借款人的，人民法院可以不追加保证人为共同被告。

他人在借据、收据、欠条等债权凭证或者借款合同上签字或者盖章，但未表明其保证人身份或者承担保证责任，或者通过其他事实不能推定其为保证人，出借人请求其承担保证责任的，人民法院不予支持。

借贷双方通过网络贷款平台形成借贷关系，网络贷款平台的提供者仅提供媒介服务，当事人请求其承担担保责任的，人民法院不予支持。网络贷款平台的提供者通过网页、广告或者其他媒介明示或者有其他证据证明其为借贷提供担保，出借人请求网络贷款平台的提供者承担担保责任的，人民法院应予支持。

企业法定代表人或负责人以企业名义与出借人签订民间借贷合同，出借人、企业或者其股东能够证明所借款项用于企业法定代表人或负责人个人使用，出借人请求将企业法定代表人或负责人列为共同被告或者第三人的，人民法院应予准许。企业法定代表人或负责人以个人名义与出借人签订民间借贷合同，所借款项用于企业生产经营，出借人请求企业与个人共同承担责任的，人民法院应予支持。

（二）借款合同的效力

自然人之间的借款合同，自贷款人提供借款时成立。

具有下列情形之一，可以视为具备自然人之间借款合同的生效要件：

（1）以现金支付的，自借款人收到借款时；

（2）以银行转账、网上电子汇款或者通过网络贷款平台等形式支付的，自资金到达借款人账户时；

（3）以票据交付的，自借款人依法取得票据权利时；

（4）出借人将特定资金账户支配权授权给借款人的，自借款人取得对该账户实际支配权时；

（5）出借人以与借款人约定的其他方式提供借款并实际履行完成时。

除自然人之间的借款合同外，当事人主张民间借贷合同自合同成立时生效的，人民法院应予支持，但当事人另有约定或者法律、行政法规另有规定的除外。

具有下列情形之一，人民法院应当认定民间借贷合同无效：

（1）套取金融机构信贷资金又高利转贷给借款人，且借款人事先知道或者应当知道的；

（2）以向其他企业借贷或者向本单位职工集资取得的资金又转贷给借款人牟利，且借款人事先知道或者应当知道的；

（3）出借人事先知道或者应当知道借款人借款用于违法犯罪活动仍然提供借款的；

（4）违背社会公序良俗的；

（5）其他违反法律、行政法规效力性强制性规定的。

（三）关于借款期限

借款人应当按照约定的期限返还借款。对借款期限没有约定或者约定不明确，又不能达成补充协议的，借款人可以随时返还；贷款人可以催告借款人在合理期限内返还。借款人未按照约定的期限返还借款的，应当按照约定或者国家有关规定支付逾期利息。借款人可以在还款期限届满前向贷款人申请展期；贷款人同意的，可以展期。

（四）关于利息的计算

借款人应当按照约定的期限支付利息。对支付利息的期限没有约定或者约定不明确，不能达成补充协议，借款期间不满一年的，应当在返还借款时一并支付；借款期间一年以上的，应当在每届满一年时支付，剩余期间不满一年的，应当在返还借款时一并支付。借款人提前返还借款的，除当事人另有约定外，应当按照实际借款的期间计算利息。

禁止高利放贷，借款的利率不得违反国家有关规定。

借款合同对支付利息没有约定的，视为没有利息。借款合同对支付利息约定不明确，当事人不能达成补充协议的，按照当地或者当事人的交易方式、交易习惯、市场利率等因素确定利息；自然人之间借款的，视为没有利息。

案例指引

原告胡某某诉称：2021 年 10 月 9 日，被告蔡某某以周转需要为由向原告借人民币 50 万元，借款期限至 2021 年 11 月 7 日，月利率按 5% 计算，被告黄某某作为保证人承担连带保证责任。两被告当日向原告出具借条一张。但时至今日，被告也没有偿还借款。现请求法庭判令：（1）被告蔡某某偿还原告胡某某借款本金 50 万元及利息（自 2021 年 10 月 9 日起按同期银行贷款利率的 4 倍计算偿还完毕之日止）。（2）被告黄某某对上述借款承担连带保证责任。（3）本案诉讼费由两被告承担。

原告胡某某为证明所主张的事实，在举证期限内可向法院提供的证据可以有：（1）原告身份证，证明原告的主体身份。（2）两被告的身份证，证明被告的主体身份。（3）借条，证明两被告向原告保证借款的事实。（4）某某银行电话转账宝交易明细，证明通过银行汇款 47 万元的事实。

被告可向法院提交的答辩意见有：（1）原被告之间约定的利率过高，因此不应受法律保护。（2）被告收到的借款数额与借条中的数额不一致，所以应以实际借款数额为准。

法院的审理结果：最高人民法院《关于审理民间借贷案件适用法律若干问题的规定》第 26 条的规定，判决被告蔡某某本判决生效后 10 日内偿还原告胡某某借款 50 万元，并支付利息（自 2021 年 10 月 9 日起以年利率 15.4% 计算到本判决确定履行之日止）；被告黄某某对借款本息承担连带责任。被告黄某某承担保证责任后，有权向被告蔡某某追偿。

参考案例一

原告某县农村信用合作联社诉称，被告庞某因建房资金困难，于 2020 年 2 月 24 日向原告借款 3 万元整，并签订个人借款合同，合同约定借款期限为一年，即 2020 年 2 月 24 日至 2021 年 2 月 23 日止，月利率 9.09‰，同时约定一次性还清。现借款已逾期达 8 个月之久，被告庞某未按合同约定还款。经原告多次催收借款无果。据此，请求依法判令被告庞某偿还原告借款本金 3 万元及利息（包括罚息）6 302.99 元。

被告庞某辩称，因建房资金困难，被告于 2020 年 2 月 24 日申请向原告借款 3 万元属实，对原告利息计算方式予以认可。并保证在 2021 年 12 月底还清借款本金及利息。

原告提供下列证据证实：

（1）企业法人营业执照、组织机构代码证、陈某身份证复印件，证明原告主体资格及法定代表人身份情况。

（2）被告庞某身份证复印件及其妻李某常住人口登记卡，证明被告及其妻身份关系等基本情况。

（3）农户小额信用贷款借款申请书、农户小额借款合同、借款借据，证明被告于 2020 年 2 月 24 日向原告申请贷款 3 万元的事实。借款合同约定借款期限为一年，月利率为 9.09‰，按月结息，利随本清，合同另约定，借款到期后不能按时归还的，对逾期贷款按日计算收取万分之 4.242 的罚息。

（4）某县农村信用合作联社利息结算清单，证明本金 3 万元，借款期限内利息为 3 108.76 元，即自 2020 年 2 月 24 日至 2021 年 2 月 23 日。

本金 3 万元的借款逾期利息及罚息是 3 194.23 元，即自 2021 年 2 月 23 日至 2021 年 10 月 31 日止。

参考案例二

原告××农村合作银行××支行（以下简称农村××银行）诉被告张某、叶某金融借款合同纠纷一案。

原告农村××银行诉称：2019 年 7 月 28 日，两被告与原告签订《个人循环保证借款合同》，约定：被告张某向原告借款 30 万元；借款期限自 2019 年 7 月 28 日至 2021 年 7 月 27 日止；借款利率为月利率 11.20735‰；按月付息，每月的 20 日为结息日；未按期归还贷款本金，从逾期之日起按借款合同所约定的利率加收 50% 的罚息利率计收罚息；未按期偿付贷款利息，按罚息利率计收复息；被告叶某自愿为原告的债权提供连带责任保证。

合同签订当日，原告依约发放借款。但借款期限届满被告张某未履行还款义务，被告叶某亦未履行担保义务。故请求依法判决：（1）被告张某偿还原告借款本金 30 万元、利息及逾期利息 17 499.42 元、复利 403.92 元（逾期利息、复利自 2020 年 10 月 19 日起按月利率 16.811025‰ 计算至判决生效日）；（2）被告叶某对上述债务承担连带清偿责任；（3）本案诉讼费由被告承担。

被告张某辩称：被告张某仅为名义上的借款人，实际借款人系被告叶某，故应由被告叶某承担还款责任。

被告叶某未作答辩。

人民法院审理查明，原、被告签订的《个人循环保证借款合同》第 1 条约定：本合同项下的借款额度为 30 万元，借款人使用上述借款额度的期限自 2019 年 7 月 28 日起至 2021 年 7 月 27 日止，在上述期限内，借款人可循环使用上述借款额度，但在该期限内任何一时点上的借款余额不得超过该借款额度。具体每笔借款的金额和期限由借款借据另行约定。该合同第 3 条第 1 项约定：本合同项下单笔借款利率根据借款发放之日中国人民银行同期同档次基准贷款利率上浮 105% 确定。若遇中国人民银行基准贷款利率调整，借款期限在一年（含）以下的，当笔借款所约定利率不变。2019 年 7 月 28 日，原告依约发放贷款 30 万元，借款月利率 11.20735‰，到期日为 2020 年 7 月 15 日。

另查明，被告张某支付借款利息至 2020 年 6 月 20 日。借款期限届满，被告张某尚欠原告借款本金 30 万元，利息 2 608.79 元。

第三节　租赁合同纠纷案件的模拟实训

本节实训任务

正确确定租赁合同纠纷案件案由。租赁合同纠纷案件的特点，作为审判组成员根据双方当事人的诉求确定租赁合同纠纷案件争议的焦点，完成对双方证据的审核和判断，作出正确裁判；作为当事人组成员根据案情确定具体诉讼请求及答辩意见，收集提供证据，进行法庭辩论。全组成员根据参考案例完成案件的整个模拟审判流程。

基本知识指引

一、租赁合同纠纷案件概述

（一）概念

根据《中华人民共和国民法典》规定，租赁合同是出租人将租赁物交付给承租人使用、收益，承租人支付租金的合同。其中交付租赁物给对方使用、收益的一方称为出租人，使用租赁物并支付租金的一方称为承租人。

（二）特征

租赁合同具有以下特征：

（1）租赁合同是出租人转移财产使用权于承租人，承租人支付租金的合同。

（2）租赁合同为诺成、双务、有偿合同。

（3）租赁合同具有临时性。租赁合同不得超过 20 年。超过 20 年的，超过部分无效。租赁期间届满，当事人可以续订租赁合同，但约定的租赁期限自续订之日起不得超过 20 年。

（三）租赁合同当事人的权利和义务

租赁合同的内容一般包括租赁物的名称、数量、用途、租赁期限、租金及其支付期限和方式、租赁物维修等条款。

1. 出租人的义务

（1）交付租赁物的义务。出租人应当按照约定将租赁物交付承租人，并在租赁期限内保持租赁物符合约定的用途。

（2）维修并使租赁物于租赁合理期限内使用、收益状态的义务。出租人应当履行租赁物的维修义务，但当事人另有约定的除外。承租人在租赁物需要维修时可以请求出租人在合理期限内维修。出租人未履行维修义务的，承租人可以自行维修，维修费用由出租人负担。因维修租赁物影响承租人使用的，应当相应减少租金或者延长租期。因承租人的过错致使租赁物需要维修的，出租人不承担前款规定的维修义务。

（3）瑕疵担保责任。因第三人主张权利，致使承租人不能对租赁物使用、收益的，承租人可以要求减少租金或者不支付租金。第三人主张权利的，承租人应当及时通知出租人。

2. 承租人的义务

（1）按照合同约定的方法或租赁物的性质使用租赁物的义务。承租人应当按照约定的方法使用租赁物，对租赁物的使用方法没有约定或者约定不明确，又不能达成补充协议的，应当按照租赁物的性质使用。承租人按照约定的方法或者租赁物的性质使用租赁物，致使租赁物受到损耗的，不承担损害赔偿责任。承租人未按照约定的方法或者租赁物的性质使用租赁物，致使租赁物受到损失的，出租人可以解除合同并要求赔偿损失。

（2）妥善保管租赁物的义务。承租人应当妥善保管租赁物，因保管不善造成租赁物毁损、灭失的，应当承担损害赔偿责任。

（3）支付租金的义务。《中华人民共和国民法典》规定，承租人应当依照约定的期限支付租金。对支付期限没有约定或者约定不明确，可以协议补充，不能达成补充协议，按照合同有关条款或者交易习惯确定。仍不能确定的，租赁期间不满 1 年的，应当在租赁期间届满时一并支付；租赁期间在 1 年以上的，应当在每届满 1 年时支付；剩余期间不满 1 年的，应当在租赁期间届满时一并支付。承租人无正当理由未支付或者迟延支付租金的，出租人可以要求承租人在合理期限内支付；承租人逾期不支付的，出租人可以解除合同。

（4）返还租赁物的义务。租赁期间届满，承租人应当返还租赁物。返还的租赁物应当符合按照约定或者根据租赁物的性质使用后的状态。

3. 租赁合同的特别效力

（1）租赁物毁损、灭失的风险负担。因不可归则于承租人的事由，致使租赁物部分或者全部毁损、灭失的，承租人可以要求减少租金或者不支付租金；因租赁物部分或者全部毁损、灭失，致使不能实现合同目的的，承租人可以解除合同。

（2）买卖不破租赁。租赁物在承租人按照租赁合同占有期限内发生所有权变动的，不影响租赁合同的效力。例如，在房屋租赁关系中，房屋所有权在租赁期间内的转移，并不影响承租人的权利，原租赁合同对受让房屋的第三人仍然有效，该第三人不得解除租赁合同。

（3）承租人的优先购买权。出租人出卖租赁房屋的，应当在出卖之前的合理期限内通知承租人，承租人享有以同等条件优先购买的权利。但是，房屋按份共有人行使优先购买权或者出租人将房屋出卖给近亲属的除外。出租人履行通知义务后，承租人在 15 日内未明确表示购买的，视为承租人放弃优先购买权。出租人委托拍卖人拍卖租赁房屋的，应当在拍卖 5 日前通知承租人。承租人未参加拍卖的，视为放弃优先购买权。出租人未通知承租人或者有其他妨害承租人行使优先购买权情形的，承租人可以请求出租人承担赔偿责任。但是，出租人与第三人订立的房屋买卖合同的效力不受影响。

（4）租赁合同的期限。租赁期限 6 个月以上的，应当采用书面形式。当事人未采用书面形式，无法确定租赁期限的，视为不定期租赁。当事人对租赁期限没有约定或者约定不明确，又不能达成补充协议的，视为不定期租赁；当事人可以随时解除合同，但是应当在合理期限之前通知对方。租赁期限届满，承租人继续使用租赁物，出租人没有提出异议的，原租赁合同继续有效，但是租赁期限为不定期。租赁期限届满，房屋承租人享有以同等条件优先承租的权利。

二、人民法院对案件的审查

（一）案由的确定

根据《最高人民法院民事案件案由规定》，租赁合同纠纷为三级案由，其下包含土地租赁合同纠纷、房屋租赁合同纠纷、车辆租赁合同纠纷、建筑设备租赁合同纠纷四个四级案由。

下面，以常见的房屋租赁合同纠纷为例，介绍租赁合同纠纷案件的审理。

（二）审查管辖

根据《民事诉讼法》及相关司法解释，房屋租赁合同纠纷属于适用专属管辖的不动产纠纷，由不动产所在地人民法院管辖。但应注意，适用专属管辖的仅限于房屋租赁合同纠纷，其他租赁合同纠纷仍应按照特殊地域管辖确定管辖法院。

（三）对案件事实的审查

1.审查合同的主体是否适格

出租人与承租人是否具备有效民事行为的构成要件。如是否为无民事行为能力人，或限制民事行为能力人等。

2.审查租赁的房屋是否为存在法律法规禁止出租的情形

有下列情形之一的房屋不得出租：

（1）属于违法建筑的；

（2）不符合安全、防灾等工程建设强制性标准的；

（3）违反规定改变房屋使用性质的；

（4）无房屋所有权或其他合法的权属证明的；

（5）权属有争议且尚在诉讼、仲裁或者行政处理中的；

（6）司法机关或者行政机关依法裁定、决定查封或者不得出租的；

（7）共有房屋未取得共有人同意的；

（8）已抵押，未经抵押权人同意的；

（9）经房屋安全鉴定机构鉴定为危险房屋的；

（10）法律、法规和规章规定禁止出租的其他情形。

3.审查是否进行过登记备案

房屋租赁合同订立后 30 日内，房屋租赁当事人应当到租赁房屋所在地直辖市、市、县人民政府建设（房地产）主管部门办理房屋租赁登记备案。房屋租赁当事人可以书面委托他人办理租赁登记备案。当事人未依照法律、行政法规规定办理租赁合同登记备案手续的，不影响合同的效力。当事人以房屋租赁合同未按照法律、行政法规规定办理登记备案手续为由，请求确认合同无效的，人民法院不予支持。当事人约定以办理登记备案手续为房屋租赁合同生效条件的，从其约定。但当事人一方已经履行主要义务，对方接受的除外。

三、证据的调查与收集

以房屋租赁合同纠纷为例，租赁合同纠纷需要调查和收集的证据，主要包括以下几类。

1. 证明当事人适格的证据

当事人为自然人的，应提交其身份证明资料，如身份证或户口本等；当事人为法人或其他组织的，应提交营业执照副本或由有关机关出具的登记查询证明、社团法人登记证、法定代表人身份证明等。

2. 证明房屋租赁合同成立并有效的证据

（1）房屋产权凭证；

（2）房屋租赁合同。

3. 证明房屋租赁合同履行情况的证据

（1）出租人提供的房屋及内部设施不符合合同约定的证据；

（2）出租人不修缮房屋给承租人造成财产损失的证据；

（3）承租人无故拖欠房租的证据；

（4）承租人私自拆改、装修的证据；

（5）承租人擅自转租的证据。

4. 其他证据

四、租赁合同纠纷的审理

（一）关于租赁合同纠纷所涉房屋的合法性问题的审理

根据《最高人民法院关于审理城镇房屋租赁合同纠纷案件具体应用法律若干问题的解释》的相关规定，出租人就未取得建设工程规划许可证或者未按照建设工程规划许可证的规定建设的房屋，与承租人订立的租赁合同无效。但在一审法庭辩论终结前取得建设工程规划许可证或者经主管部门批准建设的，人民法院应当认定有效。

出租人就未经批准或者未按照批准内容建设的临时建筑，与承租人订立的租赁合同无效。但在一审法庭辩论终结前经主管部门批准建设的，人民法院应当认定有效。

租赁期限超过临时建筑的使用期限，超过部分无效。但在一审法庭辩论终结前经主管部门批准延长使用期限的，人民法院应当认定延长使用期限内的租赁期间有效。

（二）关于租赁房屋转租问题的审理

承租人经出租人同意，可以将租赁物转租给第三人。承租人转租的，承租人与出租人之间的租赁合同继续有效，第三人对租赁物造成损失的，承租人应当赔偿损失。承租人未经出租人同意转租的，出租人可以解除合同。承租人经出租人同意将租赁房屋转租给第三人时，转租期限超过承租人剩余租赁期限的，超过部分的约定对出租人不具有法律约束力。但出租人与承租人另有约定的除外。

出租人知道或者应当知道承租人转租，但在6个月内未提出异议的，视为出租人同意转租。

承租人拖欠租金的，次承租人可以代承租人支付其欠付的租金和违约金，但是转租合同对出租人不具有法律约束力的除外。次承租人代为支付的租金和违约金，可以充抵次承租人应当向承租人支付的租金；超出其应付的租金数额的，可以向承租人追偿。

（三）关于对租赁房屋装饰装修、扩建问题的审理

承租人经出租人同意，可以对租赁物进行改善或者增设他物。承租人未经出租人同意，对租赁物进行改善或者增设他物的，出租人可以要求承租人恢复原状或者赔偿损失。

根据《最高人民法院关于审理城镇房屋租赁合同纠纷案件具体应用法律若干问题的解释》的相关规定，承租人经出租人同意装饰装修，租赁合同无效时，未形成附合的装饰装修物，出租人同意利用的，可折价归出租人所有；不同意利用的，可由承租人拆除。因拆除造成房屋毁损的，承租人应当恢复原状。已形成附合的装饰装修物，出租人同意利用的，可折价归出租人所有；不同意利用的，由双方各自按照导致合同无效的过错分担现值损失。

承租人经出租人同意装饰装修，租赁期间届满或者合同解除时，除当事人另有约定外，未形成附合的装饰装修物，可由承租人拆除。因拆除造成房屋毁损的，承租人应当恢复原状。

承租人经出租人同意装饰装修，合同解除时，双方对已形成附合的装饰装修物的处理没有约定的，人民法院按照下列情形分别处理：

（1）因出租人违约导致合同解除，承租人请求出租人赔偿剩余租赁期内装饰装修残值损失的，应予支持。

（2）因承租人违约导致合同解除，承租人请求出租人赔偿剩余租赁期内装饰装修残值损失的，不予支持。但出租人同意利用的，应在利用价值范围内予以适当补偿。

（3）因双方违约导致合同解除，剩余租赁期内的装饰装修残值损失，由双方根据各自的过错承担相应的责任。

（4）因不可归责于双方的事由导致合同解除的，剩余租赁期内的装饰装修残值损失，由双方按照公平原则分担。法律另有规定的，适用其规定。

承租人经出租人同意装饰装修，租赁期间届满时，承租人请求出租人补偿附合装饰装修费用的，不予支持。但当事人另有约定的除外。

承租人未经出租人同意装饰装修或者扩建发生的费用，由承租人负担。出租人请求承租人恢复原状或者赔偿损失的，人民法院应予支持。

承租人经出租人同意扩建，但双方对扩建费用的处理没有约定的，人民法院按照下列情形分别处理：

（1）办理合法建设手续的，扩建造价费用由出租人负担；

（2）未办理合法建设手续的，扩建造价费用由双方按照过错分担。

案例指引

原告陈甲，农民。被告陈乙，居民。

陈甲起诉称：2019年8月26日，原、被告双方签订房屋租赁合同，约定：被告将其位于××市××路××号二间1-3层店面有偿出租给原告经营××发艺连锁营业用房，租赁期限为10年，被告送原告2个月的装潢时间，正式租期自2019年11月1日至2029年10月31日止，合同期满后，双方在自愿基础上可再协商是否延续合同，同等条件下优先租给乙方；租金交纳方式为1-2层店面第一年租金为150 000元，以后每年递增8%，第六年（含）起每年递增10%，第三层年租金35 000元，第六年（含）起每年40 000元，第一年自双方签字盖印后缴纳50 000元，余款9月1日前交清，以后年租金应在每年8月底前交清，采用先交款后使用的原则，同时，原告预交水电费、钥匙等押金10 000元；如被告提前收回所租房屋，被告应当退还已交当年未租部分的租金，并赔偿乙方所有装潢费用，如原告违约退租，应向被告赔偿次年一年的租金。合同签订后，原告对租赁店面请资深设计师精心设计并投以巨资进行装潢，装潢完毕投入使用的一年多时间里因客源不足而亏损，后来逐步形成固定的客户，原告才扭亏为盈。可是好景不长，2020年9月，被告要求涨房租，原告不同意。后被告明确告知原告不涨房租就马上搬出，宁愿按照合同约定赔偿原告装潢费用的损失。原告无奈只能另外租来已装修过的店面。当原告要求被告按约赔偿装潢费用损失时，被告既不赔偿原告损失，也不再提涨房租。2021年6月，被告又再次要求涨房租，并再次明确表示不涨房租就不再继续租赁，宁愿按合同约定赔偿原告装潢费用损失。原告还是不同意，被告就关闭原告营业用的自来水阀门，并在阀门盖上停上家用汽车。2021年11月27日，原告搬进就近租来的店面。起初，被告也愿意按合同约定赔偿原告装潢费用损失，但是当原告将装潢相关票据材料提供给被告后，被告又认为原告的装潢费用价格过高，要求委托第三方重新评估。可是，评估结果出来后，被告还是认为偏高，不愿意按评估结果赔偿。原告搬出后，店面上已张贴了被告招租的广告。至今，被告既不按约退还原告押金和剩余租金，也不赔偿原告损失。为此，诉请要求判令被告返还原告自2021年11月27日始剩余11个月3天的未租赁租金共计20 4773元；被告返还原告保证金10 000元；被告赔偿原告所有装潢费用损失279 186元；被告承担本案全部诉讼费用。

原告陈甲在举证期限内可以提供的证据材料、被告陈乙可发表的质证意见以及人民法院的认证：

（1）店面租赁合同1份，用以证明双方约定的租金及支付方式，且陈乙应当退还陈甲已缴纳未租部分的当年租金，并赔偿陈甲装潢损失的事实。

（2）照片复印件4张，用以证明因陈甲不同意涨房租，陈乙强行关闭营业用水导致陈甲巨大损失及其搬离店面后陈乙已将店面招租的事实。

陈乙可发表的质证意见：对该份证据的"三性"均有异议，①照片及内容均系原告单方制作，不真实；②照片的内容过于间接，其指向不具备唯一性，明显缺乏关联性，不能证明陈甲的证明目的；③陈乙能提出相应的证据予以反驳。法院认为，陈乙的质证意见成立，对该份证据的证明目的不予认定。

（3）申请法院向××市公安局××派出所调取的接处警工作登记表复印件1份，证明陈甲不同意涨房租，陈乙即强行关闭营业用水的事实。

陈乙的质证意见：真实性无异议，关联性有异议，①该份证据不能证明陈甲的证明目的，陈乙从未强制停水，接处警工作登记表上记载的车辆也不是本案陈乙的；②公安接处警登记表并不是公安机关立案调查的结果，其所作的结论不是法定客观的行政执法依据，与客观情况明显存在出入。法院认为，该份证据只能证明双方曾于 2021 年 6 月 14 日因房租问题发生纠纷并报警的事实，对该事实予以确认。

（4）明细对账单复印件 1 份，证明陈甲已按约缴纳 2021 年 11 月 1 日至 2022 年 10 月 31 日止的租金 221 378 元的事实。

（5）电费明细表复印件 1 份，证明陈甲因陈乙明确表示不涨房租就不续租，于 2021 年 11 月底不得不搬离租赁房屋的事实。

陈乙的质证意见：真实性无异议，关联性有异议，该份证据不能证明陈甲主张的证明目的，反而证实证据二中的照片系陈甲捏造的，以及 2021 年 6 月至 11 月底，陈甲均在正常经营使用租赁房屋。法院认为，结合庭审查明的事实，该份证据可以证明陈甲于 2021 年 11 月底搬离租赁房屋的事实，对上述事实予以确认。

（6）委托书复印件 1 份，证明陈乙明确表示不涨房租就解除合同，并同意按照合同约定赔偿陈甲装潢损失以及双方共同委托第三方评估装潢损失的事实。

陈乙的质证意见：真实性无异议，关联性有异议，该份证据不能证明陈甲主张的证明目的，事实是陈甲向陈乙提出协商解除合同，陈乙配合陈甲同意先委托第三方评估，后视评估结果作为参考再决定是否与其解除合同，委托书只能证明双方曾协商装修价值的计算方法。法院认为，该份证据可以证明双方同意共同委托第三方评估装潢费用损失的事实，对该份证据予以采纳。

（7）5 月及 6 月营业额详单原件 1 份，证明因陈乙强行关闭用水导致陈甲巨大损失的事实。

陈乙的质证意见：真实性、关联性均有异议，该份证据系陈甲单方制作，不能证明其证明目的。法院认为，陈乙的质证意见成立，对该份证据不予采纳。

（8）资产评估报告书原件及发票原件 1 份，证明陈甲的装潢费用损失为 279 186 元以及花费鉴定费 3 500 元的事实。

陈乙的质证意见：对资产评估报告书的真实性无异议，对其评估结论有异议，评估结论的价格过高，且评估依据不严谨；对发票无异议。法院认为，该份证据符合有效证据的认定要件，予以采纳。

（9）水费明细单原件 2 份，证明陈甲已于 2021 年 11 月底搬离承租店面，且未拖欠水费，陈乙应退回押金 10 000 元以及陈乙在租赁期间未承担水费的事实。

陈乙的质证意见：真实性无异议，关联性有异议，该证据不能证明其证明目的，反而证明陈甲一直将租赁房屋做生活使用的事实。法院认为，结合陈甲提供的证据五以及庭审查明的事实，该份证据可以证明陈甲于 2021 年 11 月底搬离租赁房屋的事实，对该份证据予以采纳。

　　针对陈甲的诉讼请求，陈乙答辩称：①陈甲诉请要求陈乙返还租金及保证金，并赔偿损失的基础是双方之间的租赁合同已解除，但是陈乙从未表示不履行合同，即使陈乙明确表示不履行合同，根据《中华人民共和国民法典》第565条规定，双方均未通知对方解除合同，所以陈甲诉请的请求权基础无事实依据，也无法律依据，应当驳回其诉请；②租赁期间，陈乙从未单方要求涨房租及因涨房租不成而强制停水，从未另行广告招租，从未明确表示不履行合同或解除合同，从未愿意按合同约定赔偿陈甲装潢费用损失，反而陈甲在经营期间不断渗水导致陈乙房屋装修大面积毁损，虽经陈甲多次承诺维修，仍不予修缮；③双方委托评估系基于陈甲单方提出解除合同，与陈乙协商补偿装修损失，陈乙配合陈甲同意先委托评估，视评估价值的结论作参考，再决定是否同意解除合同，即评估行为是双方间协商是否解除合同而履行的一个程序，但事后双方未就解除合同达成一致意见；④陈甲已延付租金、未尽装修的修缮义务导致房屋毁损。综上，请求法院驳回陈甲的诉讼请求。

　　被告陈乙在举证期限内可以向人民法院院提供以下证据材料、原告陈甲的质证意见以及人民法院的认证：

　　（1）××日报原件10份及××日报有限公司盖章的发票复印件1份，证明陈甲对外刊登广告转租以及截至2022年1月仍持续占用租赁房屋的事实；陈甲单方转租已经违约的事实；反驳陈甲提交的证据的证明目的。

　　陈甲的质证意见：真实性无异议，关联性有异议，招租广告并非陈甲主动刊登，是陈乙明确表示要求陈甲先将房屋租出去才能退，陈甲只是代陈乙刊登广告，并非擅自转租，该份证据不能证明陈乙主张的证明目的。法院认为，该份证据只能证明陈甲就本案租赁房屋曾刊登招租广告的事实，对该事实予以确认。

　　（2）照片15页（其中原件14页、复印件1页），证明：陈甲存在违约行为，经营期间因装修渗水损害陈乙的财产的事实；陈甲自身广告搬迁的事实；反驳陈甲提交的证据2、8的证明目的事实。

　　陈甲的质证意见：真实性、合法性均有异议，照片是陈乙单方制作的，不能达到其证明目的；民警到现场处理纠纷的照片恰恰证明双方是因房租问题引起纠纷才报警的；房屋漏水是因为自动浮球阀失灵，属于意外，并非装修问题，且陈甲已及时修理。法院认为，该份证据不符合有效证据的认定要件，不予采纳。

　　（3）情况说明复印件1份，证明公安机关出警是因为原、被告之间存在漏水的纠纷，报警方是陈甲，同时反驳陈甲提交的证据的证明目的。

陈甲的质证意见：对其"三性"均有异议，陈甲申请法院调取的是原始的报案记录，双方是因房租纠纷报警，该证据不能达到其证明目的。结合调取的接处警工作登记表，法院对该份证据不予认定。

（4）电费明细单原件3份及水费台账4份，证明自2021年12月开始至今，陈甲搬离后仍将租赁房作生活使用，对租赁物的使用持续产生水电费的事实。

陈甲的质证意见：真实性无异议，证明目的有异议。××路××号租赁房1-5层只有一个水表，租赁期间的水费包括陈乙4—5层使用的水费，都是陈甲缴纳的；陈甲搬离后产生的水费与租赁前即2019年1—8月的水费相当，足以说明陈甲搬离后没有再使用租赁房屋；若陈甲经营使用租赁房屋，则产生的电费远远不止陈乙提供的电量。法院认为，陈甲的质证意见成立，对该份证据的真实性予以认定，对其证明目的不予认定。

法院认为，合法的房屋租赁合同关系受法律保护。原、被告双方签订店面租赁合同系双方的真实意思表示，并不违反法律、法规的强制性规定，依法应确认合法有效。合同签订后，双方当事人应当按照约定全面履行自己的义务。房屋租赁期间，陈乙单方提出要求涨房租的行为属于违约行为，依法应承担相应的违约责任。在原、被告双方协商解除合同的过程中，陈乙曾明确表示愿意按照合同约定赔偿陈甲的装潢费用损失，但是双方对损失数额存在较大的分歧，此后，双方又自愿于2021年11月14日共同委托第三方对装潢费用损失进行评估，以上事实可以认定双方具有解除合同的合意。其次，陈甲于2021年11月底搬离租赁房屋后，期间陈乙未曾提出异议。

综上所述，法院依法认定双方之间的店面租赁合同已于2021年11月底事实解除。经审理确认陈甲的租金损失为202 715元（221 378元~22 3957元/12），装潢费用损失为279 186元。因陈甲未与陈乙就合同解除后的善后处理相关事宜达成一致意见即自行搬离租赁房屋，对本案损失的发生也存在一定的过错，故综合考虑本案实际，酌情确定本案损失由陈乙负担60%，由陈甲负担40%。另外，店面租赁合同已事实解除，陈乙依约应当返还陈甲已缴纳的押金10 000元。陈乙辩称其从未要求涨房租以及租赁合同未解除的意见，与查明的事实不符，不予采信。据此，依据《中华人民共和国民法典》第7条、第509条、第577条、第584条之规定，判决由被告陈乙于判决生效之日起15日内返还原告陈甲租金121 629元；被告陈乙于判决生效之日起15日内赔偿原告陈甲装潢费用损失167 511.6元；陈乙于判决生效之日起15日内返还原告陈甲保证金10 000元；驳回原告陈甲的其他诉讼请求。

参考案例一

原告王某诉称：2021 年 4 月 29 日，某商贸有限公司将其位于综合市场第一、二层的百货商场出租给陈某、黄某经营，租赁期限从 2021 年 5 月 1 日至 2031 年 4 月 30 日。2021 年 8 月 8 日，陈某、黄某又将一楼转租给原告经营，租赁期限从 2021 年 10 月 1 日至 2031 年 4 月 30 日。2021 年 8 月 15 日，原告王某取得个体工商户营业执照，名称为"××××"。随后，原告准备对商场进行升级改造，要求被告李某搬离商场，经调解，原告于 2021 年 11 月 6 日与被告签订《门面租赁合同》，并约定前三年按每平方米 65 元计租，面积以双方确认测量的数据为准，租金应在每月 10 日前交付。该合同签订后，原告按约交付门面，被告承租后却一直拒付租金，已违反《门面租赁合同》第 9 条第 2 款的约定，并应按《门面租赁合同》第 11 条的约定，支付 5 000 元的违约金。故诉请判令：（1）被告支付房屋租金 49549.50 元及该款项同期银行贷款利息 5333 元；（2）被告支付原告违约金 5000 元；（3）解除原、被告签订的《门面租赁合同》，并立即搬离；（4）诉讼费由被告承担。

原告王某提交的证据材料及被告李某的质证意见：

（1）原告的身份证和个体工商户营业执照，被告表示该证据系复印件，不予质证。

（2）案外人陈某、黄某与某商贸有限公司于 2021 年 4 月 29 日签订的《门面租赁合同》及原告与陈某、黄某于 2021 年 8 月 8 日签订的租赁合同，证明原告为案涉门面的承租人，有权出租本案门面。被告表示原告是次承租人，其诉讼主体不适格，且该证据为复印件，不予认可。

（3）原告方与被告于 2021 年 11 月 6 日签订的《门面租赁合同》及被告出具的收条，证明原告将案涉门面出租给被告及双方的权利义务。被告表示该证据为复印件，不予质证。

被告李某辩称：被告并未拒付租金，2021 年 12 月 19 日被告主动到原告之妻彭某处交付租金遭拒收，并在 12 月 28 日遭人为故意停电至今，为此被告不得不购买发电机和燃油，经济受到损失。本案的《门面租赁合同》是已生效的合同，双方应全面履行合同约定的权利义务。

被告李某提交的证据材料原告王某的质证意见：

（1）被告的身份证和个体工商户营业执照，证明被告的主体资格并合法取得案涉门面，原告拒收租金人为造成今日的诉讼。原告对该证据的真实性不持异议，表示该证据只能证明被告的主体资格。

（2）收条，证明某商贸有限公司收到被告交付的押金，原告起诉被告的资格存在瑕疵。原告表示该证据与本案无关。

（3）录像光盘，证明被告交付租金时原告拒收。原告表示，不收租金是有历史原因的。

（4）录像光盘及票据若干，证明 2021 年 12 月 28 日原告人为停电，使得被告购买发电机、燃油产生费用造成经济损失。

参考案例二

原告某实业开发公司诉称：2020 年 12 月 17 日，原、被告双方签订中心汽车站食堂房屋租赁合同，合同约定租赁期限为 2021 年 1 月 1 日至 2021 年 12 月 31 日止。合同到期后，原告多次催促被告搬出中心汽车站食堂房屋，而被告却置之不理，至今仍拒不搬出中心汽车站食堂房屋。因而请求判令被告立即搬出原告的中心汽车站食堂房屋；被告向原告支付租赁费 114 000 元；被告赔偿原告损失 50 000元，本案诉讼费用由被告承担。

被告郝某辩称：原告起诉的理由不充分，原告招标时我缴纳了 10 000 元押金，原告也未退还。我以为我已经中标，所以，原告的起诉没有事实，我也不应该搬出该房屋。房屋是我负责建的，建筑费也是我付的。

原告提交如下证据：

（1）原、被告签订的房屋租赁合同一份，证明原、被告双方签订的房屋租赁合同已经于 2021 年 12 月 31 日届满，被告在此日期以后，拒不搬出原告的中心汽车站食堂房屋，已经构成严重侵权。

（2）工程结算单及发票。证明涉案房屋属于原告出资所建的事实。

（3）原告与第三人签订的租赁合同及赔偿第三人董某损失 50 000 元的收据。证明由于被告至今拒不搬出原告的中心汽车站食堂房屋，致使原告与第三人签订的租赁合同无法履行，导致原告损失 50 000 元的事实，被告应赔偿原告该 50 000 元损失。

（4）照片 3 张，证明被告至今仍占用原告中心汽车站食堂房屋的事实。

被告郝某提交以下证据：

（1）招标金收据原件一份。

（2）招标、招租通知原件一份。

（3）2020 年 12 月 17 日房屋租赁合同原件一份。

第十三章　人格权纠纷案件的模拟实训

【本章学习目标】

知识目标

掌握人格权纠纷案件的审理策略，完成该类案件证据的调查与收集，能够对此类案件的证据进行质证。

能力目标

能够作为此类案件中任意一个角色，完成诉讼任务。

素质目标

理解此类案件的含义，树立权利意识及尊重他人权利意识。

第一节　生命权、健康权、身体权
纠纷案件的模拟实训

本节实训任务

正确确定案件案由，归纳生命权、健康权、身体权纠纷案件的特点。作为审判组成员根据双方当事人的诉求确定案件争议的焦点，完成对双方证据的审核和判断，正确裁判；作为当事人根据案情确定具体诉讼请求及答辩意见，全面提供证据，进行质证。根据参考案例完成案件的整个模拟审判流程。

基本知识指引

一、生命权、健康权、身体权纠纷案件概述

生命权、健康权、身体权纠纷案件是指因他人实施侵犯生命权、健康权、身体权行为引起纠纷，从而提起诉讼的案件。生命权是指以自然人的生命安全利益为内容的权利，是法律保护的最高形态。生命的丧失是侵害生命权的结果。健康权是指自然人享有的以维护其生理机能正常运作和功能完善发挥的利益为内容的权利，包括健康维护权和劳动能力保持权。身体权是指自然人维护其身体完整并支配其肢体、器官和其他组织的权利。此类案件的特点是：

（1）案件的当事人只能是加害人和受害人，通常情况下不会涉及第三人。但是侵害生命权的案件，因受害人生命丧失，民事诉讼主体资格丧失，只能由其近亲属作为案件当事人。因生命权、健康权、身体权是自然人才享有的权利，因此案件的原告一定是公民。

（2）案件事实一般包括加害人实施了侵害他人生命权、健康权、身体权的行为事实，被害人死亡、伤残、轻微伤等损害结果的事实，死亡、伤残及轻微伤害的损害结果与加害人的侵害行为有因果关系的事实，免除或减轻民事责任的事实。

（3）案件当事人既可以主张实际损害赔偿，也可主张精神损害赔偿。

因生命权、健康权、身体权纠纷提起的诉讼，多为侵权之诉，案件由侵权行为地和被告住所地人民法院管辖。因产品或服务质量不合格造成他人财产、人身损害提起的诉讼，产品制造地、服务提供地、产品销售地、侵权行为地和被告住所地的人民法院都有管辖权。

二、人民法院对案件的审查

（一）案由的确定

生命权、健康权、身体权纠纷案件属于侵权案件，根据《最高人民法院民事案件案由规定》，在确定侵权责任纠纷具体案由时，应当先适用第九部分"侵权责任纠纷"项下列出的具体案由。没有相应案由的，再适用"人格权纠纷"项下的案由。如机动车交通事故可能造成人身损害和财产损害，确定案由时，应当适用第九部分"侵权责任纠纷"项下"机动车交通事故责任纠纷"案由，而不应适用第一部分"人格权纠纷"项下的"生命权、健康权、身体权纠纷"案由，也不应适用第三

部分"物权纠纷"项下的"财产损害赔偿纠纷"案由。

（二）对案件事实的审查

（1）对加害行为事实的审查。人民法院应查明实施加害行为的人的主体条件，如行为人是自然人的，应查明其年龄、精神状况等，行为人是法人或其他组织的，应查明其资质、设备的安装是否合乎规范、产品质量是否合格等；加害行为的性质，如是一般侵权行为还是特殊侵权行为，是一人侵权还是多人共同侵权；实施加害行为的方式，如有无使用、利用器械；实施加害行为的具体经过，必要时，可对加害行为现场及经过进行还原。

（2）对损害结果事实的审查。人民法院应查明加害行为所造成的具体损害结果，侵害被害人生命权的，应有被害人死亡的事实；侵害被害人健康权的，应有被害人健康受损的事实，造成残疾的，还应确定残疾等级；侵害被害人身体权的，应有被害人身体完整性受损但不影响健康的事实。此外，对于当事人提出的丧葬费、医疗费、误工费、精神损失费等赔偿要求，人民法院还应查明这些费用是否在法律规定的范围内，以及具体的数额。

（3）对加害行为与损害结果之间因果关系事实的审查。人民法院首先应查清加害行为与损害结果之间有无因果关系，防止主观臆断把没有因果关系当成有因果关系，要注意因果关系的时间顺序，必须加害行为在前，损害结果在后。其次要注意因果关系的复杂性和多样性。多因一果、多因多果、一因多果的案情较为复杂，要查清每一个原因对结果所起的作用，正确认定原因的主次关系以及相互联系。

（4）免除或减轻民事责任事实的审查。诉讼中加害人一般会提出免除或减轻民事责任的事实，人民法院应查清有无这些事实。例如，正当防卫、紧急避险、不可抗力、被害人过错等。需要注意的是，此类案件中，加害人是故意还是过失的心理不影响其民事责任的承担。

三、证据的调查与收集

（一）调查收集证据的方法

（1）当事人举证与人民法院调查收集相结合。当事人应按照举证责任分配原则承担举证责任。但是在此类案件中，当事人对案件发生的原因、双方的责任，往往各执一词，互相推托，因此为了查明案情，人民法院调查收集证据就显得非常重要，特别是对一些现场目击证人的证言，人民法院应及时收集。

（2）现场勘验与收集物证、保全证据相结合。这类案件特别是侵害生命权、健康权的案件，一般都具有损害现场。人民法院在立案后，审判人员应及时进行现场勘验，对现场情况详细记载并进行拍照、测量和绘图。通过现场勘验既能收集有关物证，又能把案件的证据固定和保全下来。

（3）专门鉴定和确定损害结果相结合。专门鉴定是审理这类案件时收集证据的重要方法。例如，法医鉴定、伤残等级鉴定、产品质量鉴定等。审判人员通过鉴定不仅可以进一步查清案件事实，同时也可以明确损害的结果，从而为确定赔偿责任提供客观依据。

（二）需提交的证据

（1）证明当事人主体资格的证据。当事人为自然人的，应提交身份证明资料，如身份证或居民户口簿、居住证等；当事人为法人或其他组织的，应提交主体登记资料，如工商营业执照副本或由工商登记机关出具的工商登记资料、社团法人登记证等；如在诉讼的法律事实发生后，法人或其他组织有变更登记的，应提交变更登记后的资料。

（2）证明双方当事人存在侵害生命权、健康权、身体权法律关系的证据，如证人证言、派出所调查笔录等，医院出具的门诊病历、住院病历、诊断证明书、出院证明书、转院证明书；鉴定部门出具的死亡鉴定、伤残等级鉴定等。

（3）要求赔偿事项的证据，如医疗费发票、伤者误工天数和误工收入证明、护理人员的工资证明（这两项需由用人单位的登记资料、劳动合同、工资表、工资条、银行存折、个人纳税证明等联合证明，护理费还需有医疗机构准许专人护理的证明）、残疾用具价格证明、丧葬费凭证、被抚养或赡养人的基本情况证明（身份证、户口本、亲属关系证明、无生活来源证明）、交通费、住宿费发票等。

四、调解与判决

人民法院应重视此类案件的调解。案件发生后，当事人之间往往存在严重的对立情绪，甚至充满仇恨，一触即发。审判人员要注意做好思想工作与调解工作，减少当事人之间的对立情绪，防止矛盾激化。但如果调解不成功，一定要及时判决，因为此类案件涉及的一些赔偿费用关系着被害人或其亲属的生活，因此及时结案、及时执行，提高审判效率就显得更为重要。

人民法院判决案件主要依据的法律有：《中华人民共和国民法典》《最高人民法院关于审理人身损害赔偿案件适用法律若干问题的解释》《最高人民法院关于确定民事侵权精神损害赔偿责任若干问题的解释》。关于一些赔偿的数额，人民法院应严格按照法律规定的范围和计算方法确定。当然，法律还规定了一些例如营养费、精神抚慰金等由人民法院酌情判定的项目，对于这些项目，人民法院应依据案情，结合当事人的责任大小、受伤害程度以及经济状况综合判定。

案例指引

吴某，1949年7月出生，户籍地某省某市某村，丧偶，系吴小某之父。吴某于2016年3月19日被吴小某送养至当地敬老院，送养期限为5年，入院时被测评为不能自理老人，2017年12月19日因身体状况发生改变，长期卧床、身体偏瘫，被测评为完全不能自理老人。耿某，1951年12月出生，于2020年4月1日被其子耿小某送养至该敬老院，入院时被评测为完全不能自理老人。敬老院就耿某制作的服务记录档案记载："耿某生活完全不能自理，患有脑癫痫、脑萎缩……"。吴某及耿某的《养老服务协议》载明，敬老院对偶患疾病或常年卧床的老人要尽到护理的义务，保障老人生命财产安全，防止老人意外伤害，对于潜在的危险和可能造成老人伤害的，有告知和警示的义务；敬老院不承担监护人之法定义务，对护理服务范围之外所发生的事故无过错的不承担责任，对非因该院原因和发生不可抗力导致被送养人的伤害不承担责任；送养人应向敬老院如实反映被送养人的身体和精神状况，如既往病史、有无精神病或传染病等……

2021年1月14日，耿某被敬老院安排至吴某长期居住的双人间中，此前双方未共居一室。2021年1月17日晚22时20分左右，吴某在居室内被人用木质拐杖打伤头面部、胸部、双上肢，后被敬老院工作人员发现。2021年1月18日凌晨1时21分，吴小某经敬老院通知到场后报警并将吴某送至红十字急救中心救治。吴某在住院35天后死亡，住院期间敬老院为其雇了护工。2021年7月28日，吴小某为其办理了丧事。

公安机关于2021年1月26日勘验事发现场并提取现场柜子上的血迹、拐杖粘取物、耿某口腔拭子、吴某血样、拐杖上血迹送检，鉴定中心的鉴定意见为：在排除同卵双（多）胞胎和其他外源性干扰的前提下，支持柜子上的血迹、拐杖上血迹为吴某所留，不支持为其他随机个体所留；支持拐杖粘取物为耿某所留，不支持为其他随机个体所留。公安机关又于2021年3月委托某医院精神疾病司法鉴定科对耿某在案发时的精神状态及刑事责任能力、目前精神状态及受审能力进行鉴定。鉴定意见为：根据《中国精神障碍分类与诊断标准（第三版）》，耿某诊断为器质性精神障碍，表现为幻觉状态、器质性智能损害（痴呆），案发时处于疾病期；评定为无刑事责任能力，其无受审能力。

2021年8月10日，吴小某向人民法院提起诉讼，请求判令敬老院与耿某承担连带赔偿责任，共同向原告赔偿护理费10 000元、交通费5 000元、住宿费6 244

元、法医鉴定费 23 650 元、丧葬费 46 236 元（7 706 元/月×6 个月）、死亡赔偿金 262 650 元（52 530 元/年×5 年）、精神损害抚慰金 500 000 元、餐费 1 055 元，以上共计 854 835 元；诉讼费由敬老院与耿某共同承担。

本案为一起公民的生命权、健康权、身体权受到侵害的案件。案件原告为死者吴某之子吴小某，第一被告为耿某，第二被告为耿小某（因第一被告耿某为无诉讼行为能力的人，因此其子耿小某作为监护人应列为共同被告），第三被告为敬老院。人民法院应查明和确定的案件事实包括：吴某的死亡原因；第一被告与第三被告能否承担连带责任；原告提出的各项赔偿请求是否合法；第一被告与第三被告的责任划分。

原告应自行收集或申请人民法院调查收集如下证据：（1）吴小某的身份证、户口本；（2）吴某与敬老院的养老服务协议；（3）案发当晚敬老院的值班记录；（4）公安机关对敬老院工作人员的询问笔录；（5）公安机关现场勘验记录及鉴定中心鉴定意见；（6）吴某住院期间的伤情确诊证明，证明书上记载吴某伤情为：原发性脑干损伤、右侧颧弓骨折、双手第 4、5 掌骨骨折、双肺挫伤、头部、上唇、双手多发开放伤口、下唇多发贯通伤、全身多发软组织损伤、心律失常、颅内占位性病变、外伤性脑梗塞、贫血、肺部感染；（7）法医学尸体检验死亡证明书，认为吴某生前所受较严重的外伤为始发因素，外伤后脑梗死、严重的肺部感染致多脏器功能衰竭是其死亡的主要因素，基础性疾病为其死亡的次要因素，鉴定意见为，吴某符合外伤后脑梗死、继发肺部感染导致多脏器功能衰竭死亡；（8）吴小某误工工资证明、交通费、住宿费、鉴定费、餐费发票。其中证据 1 用以证明吴小某作为原告的身份；证据 2 证明吴某与敬老院的服务合同关系，证据 3 和证据 4 证明案发当晚敬老院没有完全履行护理职责，工作人员有脱岗记录，案发后也未能对死者进行及时救治；证据 5 证明第一被告耿某实施了侵权行为，证据 6 和证据 7 共同证明吴某所受到的损害结果，证据 8 证明吴小某受到的损害结果。

对于上述证据，被告可从以下几个方面进行质证：（1）证据 6 和证据 7 说明吴某死亡的原因也包括基础性疾病，原告主张其证明被害人是因第一被告的侵权行为致死，证明力较低；（2）在吴某住院期间，第三被告已经为其雇用了护工，因此原告的误工费用不应由被告承担，原告的误工工资证明与本案无关联性。第二被告还可根据证据 2、证据 3 和证据 4 提出被害人是因为第三被告履行协议不力导致案件发生，与第一被告无关的质证意见。第三被告可根据证据 5、证据 6 和证据 7 提出被害人的死亡是因为第一被告的侵权行为造成，第三被告与受害人之间是合同关系，第三被告并没有实施侵权行为的质证意见。

第二被告应提供的证据有：（1）耿某与耿小某的身份证、户口本；（2）耿某与敬老院的养老服务协议；（3）耿某的入院登记表；（4）某医院精神疾病司法鉴定科出具的鉴定意见。证据 1 证明第一和第二被告的合法身份；证据 2 证明耿某与敬老院的服务合同关系；证据 3 证明耿某患有脑萎缩，在入院登记表上已经注明；证据 4 证明耿某患有精神疾病，对自己的行为没有正确的认知，对此造成的后果不应承担责任。

对于上述证据，原告可提出如下质证意见：耿某患有精神病，对自己行为造成的后果可不承担刑事责任，但民事赔偿责任不能免除，证据 4 与本案无关联性；耿某患有精神病，敬老院仍将其与被害人安排同住，未能避免事件的发生，因此应属于共同侵权人，承担连带赔偿责任。

第三被告可提出根据证据 2 耿某与敬老院形成的是养老服务合同关系，敬老院只提供养老服务，并不履行对于耿某的监护职责，耿某对他人实施的侵权行为，其后果应由其监护人承担。

第三被告应提供的证据有：（1）敬老院的营业执照；（2）敬老院与耿某签订的告知书；（3）敬老院入住老人情况说明、工作人员名单；（4）敬老院工作人员职责、值班制度；（5）吴某与耿某的护理人员刘某的证人证言；（6）案发当晚值班人员吕某的证人证言。证据 1 证明第三被告的资质；证据 2 证明耿某在入住敬老院时并未告知其患有精神疾病，敬老院对此不知情；证据 3 证明敬老院入住老人有 82 人，白天护理人员 6 人，夜晚 3 人，工作人员任务重；证据 4 证明夜晚工作人员每 2 小时巡查一次，案发当晚 22 时工作人员巡查时并无异样，24 时再次巡查时发现，及时采取了合理措施。案发时间为 22 时 20 分，正好在两次巡查的中间时段。证据 5 证明耿某平时并未表现出精神病症状；证据 4 和证据 6 证明敬老院有完善的制度保障，案发当晚值班人员完全履行了相关义务，事发突然，敬老院的处置并无不当。

原告可提出的质证意见是：耿某患有精神病，敬老院事先知情与否与案件的发生没有必然的联系；敬老院有 80 多名老人，夜间只安排 3 名护理人员，显然不能完全尽到照顾义务；刘某与吕某均是敬老院的工作人员，其提供的证言对第三被告有利，不应采纳。

第二被告可指出根据养老服务协议，敬老院负有安全责任，必须要保证老人的安全。虽然上述证据中的证据 2 没有写明耿某患有精神病，但在入院登记表上写有脑萎缩，敬老院对耿某的一些病症应该清楚，其没有尽到看护职责，应承担主要责任。证人刘某、吕某与第三被告有利害关系，其证言不应采纳。

根据上述证据，人民法院可以确认的事实是：其一，耿某虽因不具备刑事责任能力和受审能力而未能通过刑事审判程序被定罪量刑，但根据公安机关的现场勘查和勘查物鉴定意见、公安机关对相关人员所做询问笔录、耿某与吴某共居一室且吴某长期卧床、肢体偏瘫、言语受限的状态等足以认定，吴某系耿某用木制拐杖致伤，耿某系直接侵权人，其侵权行为与吴某的死亡之间存在主要因果关系。根据尸检报告，吴某死亡的主要因素是外伤后脑梗死、严重的肺部感染致多脏器功能衰竭，而上述状况系由其生前所受严重外伤引起，吴某的基础性疾病只是其死亡的次要因素，故耿某就吴某的死亡负有主要责任。耿某经鉴定虽不具备刑事责任能力和受审能力，但就其对吴某的侵权行为造成的损害后果，其仍应依法承担相应的民事赔偿责任。其二，耿某伤害吴某的事件发生在敬老院内，而敬老院对被送养人依法负有安全保障义务、对潜在的危险和可能造成老人伤害的情况有告知和警示的义务；但敬老院安全意识不足、对耿某所用具有安全隐患的木制拐杖未给予应有的注意，对于吴某、耿某所在的有 80 余名老人居住的区域仅安排 3 名工作人员轮流进行间隔长达 2 小时的夜间巡视，导致不能及时发现和制止耿某实施侵权行为，且敬老院在发现吴某受伤后也未及时采取救治措施、延误了吴某的治疗，因此敬老院对于吴某被耿某打伤致死亦负有过错，亦应承担相应的民事赔偿责任。其三，吴某系完全不能自理老人，在没有证据证实其存在过错的情况下，对其自身死亡不承担责任。其四，耿某承担民事赔偿责任系基于其为侵权人，敬老院承担民事赔偿责任系基于其未尽到安全保障义务，二者承担民事赔偿责任的法律基础不同，故二者不承担连带赔偿责任。

对于原告提出的赔偿请求，人民法院应认真审查其合法性和合理性。赔偿项目和具体数额的计算方法应以法律规定为准，多数费用需当事人提供发票，部分费用可由人民法院根据案情酌情判定。本案中，5 000 元交通费的请求过高，一般情况下，人民法院只判定病人入院、转院和出院产生的交通费用。50 万元的精神损害抚慰金显然过高，应由人民法院按照《最高人民法院关于确定民事侵权精神损害赔偿责任若干问题的解释》确定。

人民法院应按照上述理由及相关法律规定做出判决，同时根据判决结果判定诉讼费用的承担。

参考案例一

2021 年 1 月 7 日 21 时左右，李某在某小区二楼棋牌室玩。后来申某到场，因怀疑李某曾用铁棍袭击其后背，遂关上棋牌室门阻止李某离开，双方进而发生争执，与申某熟识的多名在场人还参与其中，争执过程中申某对李某实施了殴打。后棋牌室经营人刘某到场劝阻，双方停止了肢体冲突。刘某继续对申某进行劝说，李某则借口上厕所一人进入里间，当时因小孩要上厕所，邵某抱着孩子也在里间，等其抱小孩上完厕所后出来，没有发现李某，于是出来问众人。众人一起寻找，在楼下发现了从阳台跳下躺在地上的李某。众人一边将李某送至医院，一边报警。

公安局进行了调查，分别对李某、申某、刘某、邵某进行了询问，最后认定李某系自己跳楼受伤，不构成刑事案件不予立案；因双方发生争执，申某对李某实施殴打，故作出行政处罚决定书，对申某处以行政处罚。

李某当晚被送往当地骨伤科医院住院治疗，至 2021 年 1 月 29 日出院。诊断记录载明：李某系因摔伤致腰 1 椎体爆裂性骨折伴脊髓损伤、胸 12 棘突骨折、头部外伤。经李某委托鉴定，司法鉴定所出具司法鉴定意见书，其鉴定意见为：李某于2021 年 1 月 7 日因从二楼跳下受伤致腰 1 椎体压缩性粉碎性骨折，经手术治疗构成人体损伤九级伤残；其误工时间为 180 日，护理时间为 90 日，营养时间为 60 日。

李某认为申某对自己实施了殴打，并且不允许自己离开，迫于无奈才从二楼阳台跳下，导致受伤。因此 2021 年 7 月 11 日，李某向人民法院提起诉讼，请求人民法院判决被告申某赔偿原告 181 394 元，其中医药费 51 070 元、护理费 10 980元、误工费 21 960 元、住院伙食补助费 660 元、营养费 2 000 元、续治费 12 000元、残疾赔偿金 64 424 元、鉴定费 2 500 元、交通费 800 元，精神损害抚慰金15 000 元。

参考案例二

2021 年 9 月，超强台风在东南沿海登陆，在其来临前，某市气象局对该台风进行了预报，媒体亦做了大量报道提醒。2021 年 9 月 12 日，市园林局发出通知，要求绿化管养部门做好防台风工作，要求开展不间断巡查，及时发现绿化特别是乔木安全隐患，加强恶劣天气前树木隐患排查工作，对重点路段、易倒树重点巡查，修剪低枝、内膛枝、枯枝，疏通树冠；加固支撑倾斜树木，提高树木抗倒伏能力。2021 年 9 月 15 日，市防汛防旱防风总指挥部向全市广大干部群众发出《防台风全民动员令》，决定从 2021 年 9 月 15 日 18 时 30 分开始，启动全市防台风 I 级应急响应，应急响应期间，在全市范围内实行"三停"，即停工（业）、停产、停课。在辖区范围内，凡是与抢险救灾和民生保障无关的单位，在保障本单位防台风安全的前提下，均应执行"三停"要求。除抢险人员外，其他人员切勿随意外出。

2021 年 9 月 16 日，刘某接到单位通知，当天不用到单位上班。上午 9 时许，刘某叫朋友陈某一起到某商务中心七楼一间办公室进行空调室内天花机移位及室内挂机移位，11 时 30 分左右二人到达商务中心。直到下午 14 时 30 分左右，二人维修完空调，准备离开时，看到外面风大雨大，故未离开，等到 16 时 40 分许，风雨没有那么大，两人走到某马路，站在一棵树下等红绿灯准备过对面取车回家，这时突然刮起大风，听到大树开裂的声音，便转身马上跑离大树的范围。但刚跑了几步，大树就倒下来了，同时压倒旁边的电线杆，电线杆倒下时刚好压在陈某和刘某身上。陈某摔倒后晕了几秒马上爬起来，这时看到刘某被电线杆砸到了头躺在水里，其抓住刘某的双脚把他拖出水，然后拨打 120，约 15 分钟后，120 到场，医生来到现场观察后说刘某已经不行，便叫同行医务人员拨打 110 报警，几分钟后警察到达，将陈某带回派出所接受调查。最终认定为意外事件，不予刑事立案。

根据视频显示，2021 年 9 月 16 日 16 时 44 分，刘某与另一人站在大叶榕树下等过马路时，大叶榕树倒伏，紧接着压倒电线杆，电线杆砸中刘某头部，致刘某死亡。另视频显示，倒伏的树木种在马路边的人行道上，枝繁叶茂，树冠大而密，电线杆立在大树旁，正下着雨，刮着风。

事发后，刘某的妻子张某、父亲刘大某、儿子刘小某将树木的所有单位市园林局、管理人区园林绿化所、电线杆的所有单位市照明中心、管理单位路灯管理所起诉到人民法院，请求赔偿死亡赔偿金 819 500 元，丧葬费 46 784.5 元，子女抚养费 264 232.5 元、父母赡养费 402 640 元、精神损失费 100 000 元、住宿费 13 500 元、交通费 5 000 元、误工费 2 100 元，共计 1 653 757 元；由四被告承担本案的诉讼费用。

第二节　姓名权、肖像权、名誉权、隐私权
纠纷案件的模拟实训

本节实训任务

正确确定案件的案由。通过学习此类案件的基本特点，掌握基本办案思路。作为审判人员，概括诉讼中双方争议的焦点，查明案件事实，正确判决；作为当事人，根据自己的诉讼请求收集相关证据，并进行质证。

基本知识指引

一、姓名权、肖像权、名誉权、隐私权纠纷案件概述

姓名权、肖像权、名誉权、隐私权均属于精神性人格权。姓名权纠纷，是指因干涉、假冒、盗用他人姓名，侵害自然人姓名权而引发的纠纷。肖像权纠纷，是指未经他人许可而使用他人肖像引起的纠纷。名誉权纠纷，是指因侮辱、诽谤他人名誉，侵犯民事主体的名誉权而引起的纠纷。隐私权纠纷，是指因刺探、披露他人隐私，侵害自然人的隐私权而引起的纠纷。此类案件具有以下特点：

（1）案件的当事人限于侵权人和被侵权人，极少涉及第三人。其中名誉权是自然人、法人和非法人团体都享有的权利，因此原告不仅可以是公民，还可以是法人和其他组织。姓名权、肖像权、隐私权是自然人独享的人身权利，因此原告只能是公民。此外，对于死者相关权利的保护，可以由其近亲属主张。

（2）此类案件中，被告的侵权行为通常会同时侵害原告的多项权利。例如，被告未经原告同意，擅自偷看其日记，并根据日记内容到处宣扬其爱上有妇之夫的内心秘密，导致周围人对原告指指点点。被告的行为即同时侵犯了原告的隐私权与名誉权。

（3）当事人既可以主张实际损失，也可以主张精神损害赔偿。

二、人民法院对案件的审查

（一）案由的确定

按照《最高人民法院民事案件案由规定》的规定，姓名权、肖像权、名誉权为人格权纠纷中并列的三级案由，隐私权纠纷为三级案由隐私权、个人信息保护纠纷案由下的四级案由。实践中，应根据当事人产生争议的具体权利确定案件案由，如果当事人同时主张两项以上的权利，则在案由中将两项权利并列，中间用顿号隔开。当然，人民法院在确定案件案由时，只能将同级案由并列，例如名誉权纠纷属于三级案由，而隐私权纠纷属于四级案由，因此案由不能列为名誉权、隐私权纠纷，而应列为名誉权、隐私权、个人信息保护纠纷。

（二）对案件事实的审查

（1）对侵权行为事实的审查。首先，应审查是否具备民事实体法中所确定的侵权行为的构成要件。其次，要分清侵权行为的性质，确定侵犯了当事人的哪项具体权利，实践中经常出现当事人以被侵犯其中一种权利起诉，而最终人民法院查明其实被侵犯的是另外的权利。最后，还要注意区分被侵犯的是一项权利还是多项权利，该行为是侵权的手段还是具体的侵权行为。例如，对他人姓名进行的侮辱行为，不是侵犯姓名权，而是利用姓名进行的侵犯名誉权的行为。

（2）对损害后果事实的审查。鉴于精神性人格权的特殊性，只要存在侵害法定权利的事实，即使损害后果难以觉察或证明，即可认定其存在。精神性人格权的损害后果不易量化，受害人具体人格受损证明困难，但这并不妨碍认定损害后果的存在。损害后果作为一种事实状态，主要有三种表现形态：财产损失、人格利益受损及精神痛苦，这三种表现形态只要具备其中之一就可以确定造成损害的事实。不同的是，侵犯姓名权、肖像权的行为大多有实际损失，而侵犯名誉权、隐私权的行为更多地表现为精神损害。

（3）对侵权行为与损害结果之间因果关系的审查。由于这类案件的侵权行为与损害结果合而为一，因此其之间的因果关系也较为明显。一般情况下，人民法院无需特意审查因果关系，只要认定侵权行为，就可认定因果关系。值得一提的是，对于侵权案件的间接因果关系，一般不予考虑。但是，在名誉侵权和隐私侵权行为中，由于侵权行为造成的损害主要是精神损害，因精神损害引起的财产损失都是通过无形的、间接的形式表现出来。所以，对精神损害引起的财产损失就不能拘泥于是直接损失还是间接损失。一般说来，只要侵权人的行为是违法的，且有过错，即便是间接损失，也应看作侵权行为与损害结果之间有因果关系。

（4）对行为人过错事实的审查。侵害姓名权的行为，应以行为人主观上的故意为要件，因此姓名权纠纷案件，人民法院应审查被告是否具备故意的心理。侵害肖像权、名誉权、隐私权的案件，以行为人主观上有过错为要件，人民法院只要确定行为人具备故意或过失之一种，即可认定其有过错。

需要注意的是，因为隐私权纠纷涉及当事人的个人隐私，人民法院应当不公开审理。

三、证据的调查与收集

姓名权、肖像权、名誉权、隐私权纠纷案件属于一般侵权案件，适用"谁主张，谁举证"的一般举证责任原则。一般情况下，原告只要证明被告实施了侵权行为，就可以推定被告有过错，而被告是否存在过错，则要由被告自己举证加以证明。需要特别提醒的是，现在网络已深入人们的生活，关于姓名权、肖像权、名誉权和隐私权的网络侵权行为很多，因网络内容的多变性和不确定性，当事人在进行诉讼时一定要注意及时保全证据。

当事人应提交的证据大致包括：（1）证明当事人主体资格的证据，如身份证、户口簿、营业执照等。（2）证明侵权行为的证据，如证人证言、公证机关制作的公证文书、证明笔迹、伤情等的鉴定意见、照片、电子数据等。（3）证明损害后果的证据，如医院的诊断证明、医药费发票等。

四、人民法院的判决

人民法院可对案件进行调解，调解不成的，应及时判决。判决案件主要依据的法律有：《中华人民共和国民法典》《最高人民法院关于确定民事侵权精神损害赔偿责任若干问题的解释》。

人民法院一旦认定构成侵权行为，则可要求侵权人承担的民事责任一般包含停止侵害、恢复名誉、消除影响、赔礼道歉、赔偿损失。其中恢复名誉、消除影响、赔礼道歉可以书面或者口头方式进行，内容须事先经人民法院审查。恢复名誉、消除影响的范围，一般应与侵权所造成的不良影响的范围相当。赔偿损失包括经济损失和精神损失，经济损失以当事人提出的具体数额，结合相关证据和法律规定，由人民法院判定。例如，对于肖像权案件的赔偿，如果被告是以"营利为目的"非法使用他人肖像的，则其无论是否"情节严重"，也无论是否赢利，都必须承担赔偿责任。如被告非以营利为目的侵害肖像权的，则是以"情节严重"为标准。情节轻微，不造成严重后果的，一般不判定物质方面的赔偿。精神损失的赔偿只是针对公民，对于法人和其他组织提出的精神损害赔偿不予支持。关于精神损害赔偿的具体数额，由人民法院根据以下因素确定：（1）侵权人的过错程度；（2）侵害的手段、场合、行为方式等具体情节；（3）侵权行为所造成的后果；（4）侵权人的获利情况；（5）侵权人承担责任的经济能力；（6）受诉人民法院所在地平均生活水平。

案例指引

某房产公司开发某花园小区，对外宣传的广告词表明该小区系某小学学区房。小区所在社区为某社区，根据区教育局发布的关于各小学施教范围的文件，该社区自 2015 年以来一直属于某小学的施教范围，而某小学 2021 年发布的招生简章中，某花园不在其施教范围。2021 年 6 月 11 日，房产公司与韩某签订商品房买卖合同一份，约定由韩某购买其开发的某花园房屋一套。

2021 年 7 月 27 日，韩某（网名为"某花园"）在百度贴吧发布主题为"某花园的业主加我 QQ 群 17×××42"，其主文为"因为某花园销售时说是某小学学区房，但是现在却不是，为了我们业主的利益，希望花园的业主能够团结起来。我们一起来维护我们的权利！希望大家一起来维权，我的 QQ 群是：17×××42，希望某花园的业主来加入"。随后，又在该贴下方跟贴称"为了我们的利益，为了我们的孩子的未来，请花园的业主齐心维权！我们买的房子可是学区房的价格，现在却不在学区房里……我们需要联合起来对抗不良的开发商……您当时买房子的时候可是学区房的价格哦，如果不是学区房，那您的房子可就是大大的缩水了哦……"

此后，该群陆续有业主加入，该群也就某花园是否为学区房的问题进行讨论。2021 年 9 月 6 日，韩某（网名为 Lstar，QQ 号为 44×××94）在群里又发起讨论，其言辞中包含房产公司无耻、不是学区房、奸商等字句。2021 年 9 月 16 日，房产公司工作人员与韩某通话沟通，请求韩某删除其在网络上发布的对公司的评论。

2021 年 9 月 17 日，房产公司向人民法院提起诉讼，请求判令：1. 韩某立即删除针对房产公司的不实信息；2. 韩某在相应的报刊、网站上公开向房产公司赔礼道歉、消除影响、恢复名誉；3. 韩某赔偿房产公司经济损失 2 万元；赔偿房产公司为制止侵权产生的律师费 3 000 元、公证费 1 000 元；4. 本案诉讼费用由韩某承担。

本案属于名誉权纠纷，原告为房产公司，被告为韩某。案情并不复杂，事实也较为清楚，人民法院需确定的是被告究竟有没有实施侮辱、诽谤等行为侵害原告的名誉权，被告主观上有没有过错，原告有没有因此遭受损失。

　　原告提交的证据应包括：①房产公司的营业执照；②区教育局发布的关于各小学施教范围的文件；③某小学出具的证明；④经某公证处公证的百度贴吧截图、QQ 聊天记录、截图；⑤房产销售记录；⑥公证发票、律师事务所收费收据。证据1 证明原告的主体资格；证据2 证明按照区教育局文件，某花园就是属于某小学的学区房；证据3 证明某花园小区居民持证明在该小区居住的户口本，适龄子女即可就读某小学；证据4 证明被告发表了不实言论，对原告的名誉进行了侮辱；证据5 证明因被告发表的不实言论，导致原告成交量下降，遭受损失；证据6 证明原告因诉讼支出的费用。

　　对于上述证据，被告可发表如下质证意见：证据3 只能证明某花园小区孩子可就读某小学，但并不能说明该小区就是某小学的学区房。证据4 不能证明被告实施了侮辱、诽谤行为。证据5 证明原告销量下降，但原因是多方面的，并不能证明是被告的行为导致其销量下降，二者没有因果关系。证据6 的支出是原告自己的行为导致的，和被告无关。

　　被告提交的证据应包括：1.原告制作的广告宣传页；2.某小学 2021 年的招生简章。证据1 证明原告明确对外宣传某花园属于某小学的学区房，证据2 证明按照某小学 2021 年的招生简章，某花园不属于该小学的学区房。

　　原告对于证据2 可指出，虽然招生简章上没有把某花园划入招生对象中，但小区居民是可以顺利就读该小学的。

　　本案要确认被告有没有实施侵犯原告名誉权的行为，关键在于某花园究竟属不属于某小学的学区房，原告有没有虚假宣传。虽然根据区教育局发布的关于各小学施教范围的文件，某花园所在的社区自 2015 年以来一直属于某小学的施教范围，但在某小学 2021 年发布的招生简章中，某花园实际又不在该校 2021 年的招生施教范围之内，故即使户口在某花园的适龄儿童实际均可顺利入读某小学，但毕竟不是依据某小学招生简章公示的招生学区的入学就读，因而被告认为某花园不属于某小学"学区房"，具有相应的事实依据。韩某发帖称为了业主维权，希望某花园的业主加入其所建的 QQ 群，并在群中发起了相关讨论。其针对的对象是特定的某花园业主群体，主观上是为了维护自身权益，发帖及讨论内容客观上具有相应的事实依据，虽有过激言辞字句，但仍属于购房一方当事人对于售房一方的批评、评论范畴之内，不构成诽谤、诋毁、损害原告名誉的侵权行为。

参考案例一

张二某系张一某之弟。2016 年 7 月 17 日，张二某因琐事纠集他人将受害人藏某打伤，张二某被派出所抓获。在侦查人员调查案情过程中，张二某谎报冒用张一某的身份信息及家庭成员情况，同年 7 月 18 日，张二某被错用张一某身份治安拘留。因最终受害人伤情鉴定构成轻伤，该案于同年 7 月 24 日立案，张二某因犯故意伤害罪被错用张一某身份刑事拘留，同年 8 月 29 日被依法逮捕。2016 年 9 月 17 日，案件移送人民检察院，同年 10 月 30 日，张二某以张一某身份被人民法院判处有期徒刑一年，缓刑一年，2016 年 11 月 1 日缓刑释放。

2021 年 6 月，张一某的孙子张小某报名参军。因查到张一某有犯罪记录信息，故政审未能通过。2021 年 10 月 12 日，张一某至派出所反映其身份信息被冒用的情况，派出所于是重新核实张一某、张二某的身份信息。

派出所查明了张二某在 2016 年 7 月 8 日因涉嫌故意伤害罪冒用了张一某的身份信息，从而导致案件公、检、法机关均以张一某的身份信息对其进行了追责，给张一某造成刑事案件记录。2021 年 11 月，派出所逐级向省公安厅申请变更张一某的错误信息。2021 年 12 月，省公安厅删除公安部全国违法犯罪人员信息资源库和省违法犯罪资源库中张一某的刑事犯罪记录信息，并添加张二某的刑事犯罪记录数据。

张一某认为张二某的行为已构成对自己姓名权的侵犯，于是向人民法院提起诉讼，请求人民法院依法判决张二某停止侵害，恢复名誉，消除影响，赔礼道歉，并赔偿精神损失 5 万元；诉讼费由张二某承担。

参考案例二

管某，系某美容院职工。2021 年 2 月 25 日，管某在自己微信朋友圈（微信名称为"Dr.G 医学美容"）发布内容为"日式植骨术鼻综合，360 度无死角设计，多维精雕细琢，弧线打造，立体而不生硬，注重鼻唇角、鼻额角的完美过渡，自然而不虚假，类软骨组织成分安全不排异，与骨骼紧密贴合的同时，骨胶原磷和钙独具的气孔属性，令新生部位逐渐爬入血管、神经，实现有血有肉的自身组织，达到终身完美的轮廓塑造"的文章，文中使用了署名为"患者李某某"的 2 张照片作为对比图，第一张说明为整容前，第二张为整容后。朋友圈定位为某美容院职工宿舍。

2 月 26 日，吕某从朋友崔某的朋友圈看到此条信息，确定这两张照片中的人物就是自己。自己并不认识管某，也没有和某美容院打过交道，更是从来没有做过美容。某美容院未经自己同意就擅自使用自己照片，通过职工朋友圈进行发布，还将自己的姓名改为李某某，也让周围人误会自己做过美容，侵犯了自己的姓名权、肖像权和名誉权，于是向人民法院提起诉讼，请求依法判决被告在其微信朋友圈及在市级报纸上发布向原告赔礼道歉的声明；赔偿原告精神损害抚慰金及经济损失共计 1 万元；本案诉讼费用由被告承担。

第十四章　道路交通事故损害赔偿纠纷案件的模拟实训

【本章学习目标】

知识目标

掌握道路交通事故损害赔偿纠纷案件的审理策略，完成该类案件证据的调查与收集，会对此类案件的证据进行质证。

能力目标

能够作为此类案件中任意一个角色，完成诉讼任务。

素质目标

掌握此类案件的特点，树立权利意识及尊重他人权利意识。

本章实训任务

正确确定案件案由。作为审判组成员根据双方当事人的诉求确定案件争议的焦点，完成对双方证据的审核和判断，正确裁判；作为当事人根据案情确定具体诉讼请求及答辩意见，全面提供证据，进行质证，最终实现诉讼目的。能够根据参考案例完成案件的整个模拟审判流程。

基本知识指引

随着我国经济的发展和社会的进步，交通运输业蓬勃发展。随之而来的交通事故也呈逐年上升的趋势，由此产生的道路交通事故损害赔偿纠纷也逐年增多。人民法院作为国家审判机关、终局裁决者，担负着道路交通事故损害赔偿纠纷案件处理的职责。既要保护好机动车所有人、驾驶人、受害者及保险公司等相关各方的合法权益，也要兼顾到交通运输事业的发展和社会的稳定进步。

一、人民法院受理道路交通事故损害赔偿案件的范围

人民法院对道路交通事故损害赔偿案件的受理范围主要有：

（1）道路交通事故损害赔偿的调解协议达成后，肇事方因无能力付现款而出具欠条给受害方，以求得交警部门将扣留的车、证件放行；付款时间逾期后又不履行，受害方追究未果而向法院起诉的；

（2）调解协议一次性履行解决后，当事人一方又以伤未痊愈或漏算应赔偿的费用等为由，向法院起诉的；

（3）调解期满后，当事人和有关人员对损害赔偿未达成协议，公安机关制作调解终结书，当事人就损害向人民法院起诉的；

（4）道路交通事故发生后，公安机关处理时，不能确认任何一方当事人不违章行为的赔偿纠纷，当事人一方持公安机关作出的该事故不属任何一方当事人违章行为造成的结论，或公安机关调解书或调解终结书而提起民事损害赔偿诉讼的；

（5）道路交通事故发生后，被公安机关指定预付抢救费用的当事人，以其无交通事故责任或责任轻而对预付费用有异议为由，持有公安机关的调解书、调解终结书或者认定该事故不属于任何一方当事人违法行为造成的结论，提起民事诉讼的。

二、道路交通事故损害赔偿纠纷案件证据的调查搜集

道路交通事故损害赔偿纠纷案件应以交警部门已经向当事人出具道路交通事故损害赔偿调解终结书和道路交通事故损害赔偿责任认定书为前提。

（一）证明当事人主体资格的证据

（1）当事人为自然人的，应提交身份证明资料，如身份证或户口簿等；

（2）当事人为法人或其他组织的，应提交主体登记资料，如工商营业执照副本或由工商登记机关出具的工商登记清单、社团法人登记证等；

（3）当事人的自然情况在诉争的法律事实发生后曾有变更的，应提交变更登记资料；

（4）当事人为道路交通损害赔偿纠纷中死者亲属的，应提交死者第一顺序继承人的证明及继承人基本情况的证明；

（5）提交肇事车辆、受损车辆的所有人、实际支配人、驾驶人的证明及其相互关系的证明（行驶证、驾驶证等）；

（6）提交肇事车辆、受损车辆案发时购买第三者强制责任险的证明。

（二）证明双方当事人民事法律关系成立的证据

（1）提供交警部门出具的道路交通事故损害赔偿调解协议或调解终结书；

（2）提供交警部门出具的道路交通事故损害赔偿责任认定书。

（三）要求赔偿事项的证据

1.因发生道路交通事故导致财产受到损害时，提起诉讼时须提交下列证据材料：

（1）道路交通事故责任认定书；

（2）为修理事故受损车辆所支付的修理费用的发票及修理清单；

（3）其他损失的相关票据，如交通费损失须提交车票、误工损失须提交工作单位出具的因误工所减少的收入的情况证明；

（4）如果要求赔偿车辆贬值损失须在起诉时一并提交车辆贬值鉴定申请书。

2.因道路交通事故造成人身伤害提起诉讼时，须提交下列证据材料：

（1）道路交通事故责任认定书；

（2）因人身受到损害到医院进行治疗的，须提交就诊医院的诊断证明、医药费收据、处方、住院费用明细等相关就医证明材料；

（3）要求赔偿交通费损失的，须提交与就医时间相一致的车票存根；

（4）要求赔偿误工损失的，须提交就诊医院出具的休假证明、工作单位出具的因误工所减少的收入情况证明，如收入数额已超过国家纳税标准的应提交纳税凭证；

（5）要求赔偿护理费损失的，须提交就诊医院出具的护理证明、护理人员所在工作单位出具的因误工所减少的收入情况的证明，如属于雇用护工进行护理的，须出具与用人单位的用工协议及护理费票据；

（6）要求赔偿营养费的，须提交就诊医院出具的需要加强营养的证明、营养费票据；

（7）因道路交通事故导致伤残的或认为可能致残的，伤残鉴定应在治疗终结完毕后进行；

（8）因道路交通事故导致伤残或者死亡的，如要求赔偿被扶养人生活费的，须提交被扶养人的身份证明、当地公安部门出具的与被扶养人亲属关系证明，如被扶养人为受害人父母的，须提交当地公安部门出具的亲属关系证明；

（9）要求赔偿其他损失的，须提交相关证据，如要求住宿费的，需提交相关票据等。

三、确定案件诉讼主体

（一）原告

机动车交通事故责任纠纷案件的原告是：

（1）在交通事故中遭受人身损害的受害人。

（2）在交通事故中死亡受害人的近亲属和被扶养人。

近亲属应区分为两个顺序：第一顺序为死亡受害人的配偶、父母、子女；无第一顺序近亲属的，祖父母、外祖父母、孙子女、外孙子女、兄弟姐妹可作为原告起诉。同一顺序的近亲属应作为共同原告参加诉讼。

（3）在事故中的为死者垫付医疗费、丧葬费等合理费用的单位或个人。

（4）在交通事故中车辆、物品等财产遭受损害的财产所有权人或其他权利人。

（二）被告

机动车交通事故责任纠纷案件的被告是：

（1）机动车驾驶人。

（2）对交通事故的发生具有过错的机动车所有人、管理人等其他应承担赔偿责任的单位或个人。

交通事故中身份明确的侵权人死亡，以其继承人、受遗赠人为被告，没有继承人又无人受遗赠，但留有遗产的，赔偿权利人可以侵权人遗产的最终所有人为被告提起诉讼。

（3）承保事故车辆机动车第三者责任强制保险（以下简称"交强险"）的保险公司。

（4）当事人请求列为被告的承保事故车辆第三者责任商业保险（以下简称"商业三责险"）的保险公司。

四、事故责任认定

据以查明交通事故经过、确认交通事故责任的证据包括交通事故认定书、事故现场视听资料、鉴定意见、勘验笔录、当事人陈述、证人证言等。

（一）对交通事故认定书的审查

对交通事故认定书应进行质证。交通事故认定书系公文书证，援引该证据的当事人提交了交通事故认定书原件或公安交通管理部门确认的副本的，推定该交通事故认定书的内容为真实。

当事人对交通事故认定书真实性有异议的，应承担本证的证明责任，其所提供的证据应达到能够证明交通事故认定书内容不真实的状态。其举证仅使交通事故认定书的内容真伪不明的，仍应以交通事故认定书的内容认定案件事实。

当事人无相反证据推翻公安机关交通管理部门制作的交通事故认定书的，应以交通事故认定书的内容认定事故的经过和责任划分。

（二）无交通事故认定书案件的处理

公安机关交通管理部门未出具交通事故认定书的，应根据当事人举证情况、法院调查取证情况，综合运用逻辑推理和日常生活经验，确定各方应承担的责任。

按以上方式难以确定责任的，按照以下规则处理：

（1）机动车与机动车之间发生交通事故的，由事故各方承担同等民事责任；

（2）非机动车之间、非机动车与行人之间发生交通事故的，由事故各方承担同等民事责任；

（3）机动车与非机动车之间发生交通事故的，由事故各方承担同等民事责任；

（4）机动车与行人之间发生交通事故的，由机动车方承担主要民事责任。

五、赔偿责任主体

机动车交通事故责任纠纷案件的赔偿责任主体为：承保交强险的保险公司、承保商业三责险的保险公司、侵权人及其他赔偿义务人。

（一）承保交强险的保险公司

1. 原告未起诉交强险保险公司的处理

原告未起诉交强险保险公司的，法院应向原告释明，根据原告的请求追加或自行查明情况后依职权追加交强险保险公司为案件的共同被告，但该保险公司已经在交强险责任限额范围内予以赔偿且当事人无异议的除外。

2. 交强险赔偿对象

交强险的赔偿对象是被保险机动车造成的本车人员、被保险人以外的受害人的人身伤亡、财产损失。

（1）本车人员

本车人员，是指交通事故发生时位于机动车驾驶室或车厢内的人员。

（2）被保险人

上述被排除在交强险赔偿对象之外的被保险人，是具体到某特定交通事故中事故车辆的被保险人，需在交通事故发生时方可确定，在具体某一起交通事故中，交强险的被保险人是投保人或投保人允许的驾驶人，具体规则为：

① 投保人

投保人，是指与保险公司订立交强险保险合同，并负有支付保险费义务的机动车所有人、管理人。

投保人本人驾驶机动车发生事故的，投保人为被保险人。

② 投保人允许的驾驶人

投保人允许的驾驶人驾驶机动车发生事故的，被保险人为投保人允许的该驾驶人。

（3）审判中应注意下列情况下交强险是否应予赔偿的问题：

① 投保人允许的驾驶人驾驶机动车致使投保人遭受损害，除投保人为本车上人员之外，保险公司应在交强险限额内予以赔偿。

② 本车驾驶人以外的车上人员下车后被本车碰撞、碾压导致伤亡的，属于交强险的第三者，保险公司应在交强险限额内予以赔偿。

③ 本车驾驶人下车后被本车碰撞、碾压导致伤亡的，不属于本车交强险的第三者。

④ 本车人员在交通事故发生时被甩出车外后被本车碰撞、碾压或者为逃避事故而跳车导致伤亡的，均不属于本车交强险的第三者。

3. 未投保交强险的责任承担

未投保交强险的机动车发生交通事故造成损害，当事人请求投保义务人在交强险责任限额范围内予以赔偿的，应予支持。

投保义务人和侵权人不是同一人，当事人请求投保义务人和侵权人在交强险责任限额范围内承担连带责任的，应予支持。

机动车转让时未投保交强险，转让后发生交通事故的，由受让人承担上述未投保交强险的责任。

发生事故的机动车未投保交强险是由于具有从事交强险业务资格的保险公司违法拒绝承保、拖延承保或违法解除交强险合同造成的，仍应由投保义务人向第三人承担赔偿责任，但其可在承担责任后，请求该保险公司在交强险责任限额范围内承担相应赔偿责任。

4. 多车相撞事故中交强险保险人的责任承担

多辆机动车发生交通事故造成第三人损害，损失超出各机动车交强险责任限额之和的，由各保险公司在各自责任限额范围内承担赔偿责任；损失未超出各机动车交强险责任限额之和，当事人请求由各保险公司按照其责任限额与责任限额之和的比例承担赔偿责任的，人民法院应予支持。

多辆机动车发生交通事故造成第三人损害，其中部分机动车未投保交强险，当事人请求先由已承保交强险的保险公司在责任限额范围内予以赔偿的，人民法院应予支持。保险公司就超出其应承担的部分向未投保交强险的投保义务人或者侵权人行使追偿权的，人民法院应予支持。

多辆机动车发生交通事故，其中部分车辆无事故责任的，经法院释明后赔偿权利人坚持不起诉无责任车辆方的交强险保险公司的，法院应扣除相应的交强险无责限额。

5. 多名被侵权人事故中的交强险限额分配

同一交通事故的多个被侵权人同时起诉的，应当按照各被侵权人的损失比例确定交强险的赔偿数额。

同一交通事故中有多名被侵权人且交强险限额不足以全部赔偿，部分被侵权人先行起诉的，可以在交强险赔偿限额内为其他受害人预留必要的赔偿份额。预留赔偿份额的具体数额，应综合各受害人的伤情、治疗及善后事宜的迫切程度、家庭经济状况、侵权人赔偿能力等因素，酌情确定。

6. 主挂车交强险问题

挂车不投保机动车交通事故责任强制保险。发生机动车交通事故造成人身伤亡、财产损失的，由承保牵引车交强险的保险公司在机动车交通事故责任强制保险责任限额范围内予以赔偿；不足的部分，由牵引车方和挂车方依照法律规定承担赔偿责任。

7. 特殊情形下的赔偿问题

（1）机动车在交强险合同有效期内的下列变化，不影响事故发生后交强险保险公司的赔偿责任承担。

① 机动车所有权变动；

② 机动车发生改装、使用性质改变等导致危险程度增加的情形。

（2）赔偿责任的免除。

交通事故的损失是由受害人故意造成的，保险公司不予赔偿。

（3）违法驾车情形下交强险保险人的赔偿责任。

有下列情形之一导致第三人人身损害，当事人请求保险公司在交强险责任限额范围内予以赔偿的，应予支持：

① 驾驶人未取得驾驶资格或者未取得相应驾驶资格的；

② 醉酒、服用国家管制的精神药品或者麻醉药品后驾驶机动车发生交通事故的；

③ 驾驶人故意制造交通事故的。

保险公司在赔偿范围内向侵权人主张追偿权的，人民法院应予支持。追偿权的诉讼时效期间自保险公司实际赔偿之日起计算。

（4）被保险机动车在被盗抢期间发生交通事故致第三人损害的，保险公司在交强险限额范围内垫付抢救费用，并有权向致害人追偿。

8.交强险保险合同零时生效条款问题

事故车辆投保人已与交强险保险人订立保险合同并缴纳费用，在交强险"次日零时生效"条款下交强险保险合同尚未生效期间发生交通事故的，赔偿权利人主张该"次日零时生效"条款无效的，法院应审查保险人对该格式条款是否履行提示和明确说明义务，保险人未履行该义务的，该条款无效。

（二）承保商业三责险的保险公司

对于交强险限额不足以赔付的受害人损失，由承保商业三责险的保险公司根据保险合同予以赔偿。

1.商业险保险公司参加诉讼的前提

承保商业三责险的保险公司作为被告参加机动车交通事故责任纠纷诉讼，需经当事人的请求，当事人未请求的，法院不得主动追加。

商业三责险合同中约定的仲裁条款不影响商业三责险的保险公司作为被告参加机动车交通事故责任纠纷诉讼。

2.商业三责险的免赔问题

对于商业三责险保险人免赔条款的审查应遵循以下原则和步骤：

（1）尊重契约，保证辩论权利。

对于免责条款的成立与效力、基于合同的抗辩权问题，庭审中应给予商业三责险保险人和被保险人相互辩论的机会。

（2）区分免责条款约定的具体事项并进行审查。

① 商业三责险保险合同对于无证驾驶、醉驾、逃逸、超载等法律、行政法规所禁止的情形约定免责的，保险人举证证明其对此已充分履行提示义务的，应确认该约定有效。

② 商业三责险保险合同对于法律、行政法规中未做禁止性规定的情形约定免责的，保险人举证证明其对此已充分履行提示和说明义务的，应确认该约定有效。

③ 商业三责险保险合同对于精神损害抚慰金、停运损失等法定赔偿项目约定免责的，保险人举证证明其对于免责的赔偿项目逐项、充分履行了提示和说明义务的，应确认该约定有效。

为查明和确定保险事故的性质、原因和保险标的的损失程度所支付的必要的、合理的鉴定费等费用，保险人不得约定免责。

④ 不计免赔险系附加险种，被保险人未投保不计免赔险的，应适用保险合同中有关免赔率的约定，与保险人的提示、说明义务无关。

（3）对"履行提示义务"的审查。

保险合同订立时，保险人在投保单或者保险单等其他保险凭证上，对保险合同中免除保险人责任的条款，以足以引起投保人注意的文字、字体、符号或者其他明显标志作出提示的，应认定其履行了提示义务。

（4）对"履行说明义务"的审查。

保险人对保险合同中有关免除保险人责任条款的概念、内容及其法律后果以书面或口头形式向投保人作出常人能够理解的解释说明的，应认定保险人履行了明确说明义务。

保险人履行明确说明义务的证据可以是下列之一：

① 投保人以签字或盖章方式确认其已知悉免责条款概念、内容及法律后果的相关文书，但另有证据证明保险人未履行明确说明义务的除外。

② 能够展现保险合同订立时，保险人向投保人解释、说明免责条款情况的录音、录像等视听资料。

通过网络、电话等方式订立的保险合同，保险人以网页、音频、视频等形式对免责条款予以提示和明确说明的，可以认定其履行了提示和明确说明义务。

（三）其他赔偿责任主体

支配机动车的运行并获得运行利益的主体，包括机动车的所有人、管理人、驾驶人，其可单独或共同成为机动车交通事故责任纠纷案件的赔偿责任主体。

1.驾驶人责任

对事故发生负有责任的事故车辆驾驶人一般是侵权人，承担侵权赔偿责任，但用人单位的工作人员执行工作任务中驾驶车辆发生交通事故的，由用人单位承担赔偿责任。

2. 所有人、管理人责任

机动车管理人，特指在机动车管理人与所有人分离的情况下，通过机动车所有人的委托、租赁、借用等合法方式取得对机动车的占有、支配或者收益，并因将该机动车再行通过出租、出借等方式交由他人使用而对机动车上道路行驶负有与相同情形下的机动车所有人相同的注意义务的人。

因租赁、借用、试驾等经机动车所有人或管理人授权所导致的所有人、管理人与事故中的驾驶人不同一，由驾驶人承担赔偿责任，所有人、管理人对损害的发生具有过错的，承担相应的赔偿责任。

以下情形，应认定所有人、管理人具有过错：

（1）知道或者应当知道机动车存在缺陷，且被侵权人能够证明该缺陷是交通事故发生的原因之一的。

（2）知道或者应当知道驾驶人无驾驶资格或者未取得相应驾驶资格的。

（3）知道或者应当知道驾驶人因饮酒、服用国家管制的精神药品或麻醉药品、患有妨碍安全驾驶机动车的疾病、过度疲劳影响安全驾驶等依法不能驾驶机动车的。

（4）其他应当认定机动车所有人或者管理人有过错的。

3. 擅自驾驶他人车辆的责任主体

未经机动车所有人、管理人允许驾驶他人机动车发生交通事故造成损害，由驾驶人承担赔偿责任。机动车所有人、管理人有过错的，承担相应的赔偿责任。

机动车所有人或管理人疏于对机动车的保管或管理导致他人擅自驾车引发事故的，应认定为有过错，承担按份责任。

盗窃、抢劫或抢夺的机动车发生交通事故造成损害的，由盗窃人、抢劫人、抢夺人承担赔偿责任。

4. 挂靠

以挂靠形式从事道路运输经营活动的机动车发生交通事故造成损害，属于该机动车一方责任的，经当事人请求，由挂靠人和被挂靠人承担连带责任。

5. 连环购车情形下的责任主体

被多次转让但未办理转移登记的机动车发生交通事故造成损害，属于该机动车一方责任，由最后一次转让并交付的受让人承担赔偿责任。

最后一次转让并交付的受让人指受让人一方，不限于受让人本人。

6. 套牌车的责任主体

套牌机动车发生交通事故，属于该套牌车一方责任的，经当事人请求，由套牌车的所有人或管理人承担赔偿责任。

被套牌机动车所有人或管理人同意套牌的，与套牌机动车所有人或管理人承担连带责任。以下一项或多项可作为被套牌一方"同意套牌"的证据：

（1）被套牌方以文字形式表达同意套牌的证据，具体可包括有关套牌问题的书面协议、短信、电子邮件等；

（2）有偿套牌情形下，被套牌方收取套牌费的证据；

（3）其他有关被套牌方知道或应当知道套牌人真实身份而未在交通事故发生前向有关部门举报或反映情况的证据。

若套牌机动车在事故发生时存在借用、租赁等机动车所有人、管理人与事故中驾驶人不一致的情况，由驾驶人承担赔偿责任，套牌人仅在对损害的发生有过错的情况下承担相应的赔偿责任。被套牌人的责任承担以套牌人承担责任为前提。

套牌机动车在被盗窃、抢劫、抢夺期间发生交通事故的，应由盗窃人、抢劫人、抢夺人承担赔偿责任。

7. 多次转让的拼装或报废车

拼装车、已达到报废标准的机动车、未达到国家机动车运行安全技术标准的改装车或依法禁止行驶的其他机动车被多次转让，并发生交通事故造成损害的，经当事人请求，由所有的转让人和受让人承担连带责任。

依法禁止行驶的其他机动车，特指因不符合国家有关机动车运行安全技术条件被依法禁止行驶的机动车。

转让无故未参加年检的机动车，该机动车发生交通事故造成损害的，转让人应证明该未年检机动车在转让时不存在不符合国家机动车安全技术标准的情形，转让人无法证明的，应与受让人承担连带赔偿责任。

转让，包括买卖、赠与、互易等有偿或无偿的方式。

8. 驾驶培训情形下的责任主体

接受机动车驾驶培训的人员在培训活动中驾驶机动车发生交通事故造成损害，属于该机动车一方责任的，经当事人请求，由驾驶培训单位承担赔偿责任。

9. 陪练情形下的责任主体

机动车陪练中发生交通事故造成损害，属于该机动车一方责任的，由驾驶人承担赔偿责任，陪练人对损害发生有过错的，承担相应的赔偿责任。

10. 服务场所提供泊车、代驾情形下的责任主体

酒店、宾馆等服务场所提供泊车、代驾服务过程中发生交通事故造成损害，属

于该机动车一方责任的，由服务提供方承担赔偿责任；接受服务方对损害的发生有过错的，承担相应的赔偿责任。

11. 机动车试乘中的责任主体

机动车试乘过程中发生交通事故造成第三人损害的，由试乘服务提供者承担赔偿责任。

机动车试乘过程中发生的交通事故造成试乘人损害的，由试乘服务提供者承担赔偿责任；试乘人有过错的，应适当减轻试乘服务提供者的赔偿责任。

12. 道路管理维护者责任

因道路管理维护缺陷导致机动车发生交通事故造成损害，经当事人请求，应由道路管理者承担相应的赔偿责任。道路管理者能够证明自己按照法律、法规、规章、国家标准、行业标准或者地方标准尽到安全防护、警示等管理维护义务的除外。

13. 高速公路管理者责任

行人、非机动车、拖拉机、轮式专用机械车、铰接式客车、全挂拖斗车、其他设计最高时速低于 70 公里的机动车，进入高速公路发生交通事故造成自身损害，当事人请求高速公路管理者承担赔偿责任的，应予支持，但管理人已采取安全措施并尽到警示义务的，可以减轻或免除责任。

14. 道路堆放物、倾倒物致人损害的责任主体

因在道路上堆放、倾倒、遗撒物品等妨碍通行的行为，引发交通事故造成损害的，由行为人承担赔偿责任。道路管理者不能证明已按照法律、法规、规章、国家标准、行业标准或者地方标准尽到清理、防护、警示等义务的，承担相应的赔偿责任。

15. 道路建设、设计缺陷致交通事故的责任主体

未按照法律、法规、规章或者国家标准、行业标准、地方标准的强制性规定设计、施工，致使道路存在缺陷并造成交通事故，经当事人请求，由建设单位与施工单位承担相应的赔偿责任。

案例指引

2021 年 6 月 21 日 16 时 45 分许，被告卢某驾驶电动二轮车沿济南市市中区纬五路由南向北行驶至经七路与纬五路交叉路口向西左转弯逆行时，与沿经七路南侧非机动车道由西向东行驶至此的原告于某驾驶的电动二轮车相撞，造成原告于某受

伤、两车损坏的道路交通事故。2021年7月3日,济南市公安局交通警察支队市中区大队作出济(市中)公交认字[2021]第00353号道路交通事故认定书,认定被告卢某承担事故的全部责任,原告于某不承担事故责任。事发当日,原告于某即到山东省立医院门诊治疗3天,于2021年6月24日住院治疗,经诊断为颈髓损伤、颈椎间盘突出、头面部软组织伤、高血压病、心梗支架术后,于2021年7月13日出院,合计住院19天,其本人支出医疗费8 379.03元;原告于某于2021年7月31日到山东中医药大学附属医院住院治疗,经诊断为颈髓损伤、颈椎病、高血压病(3级,极高危)、冠心病、心梗支架术后、膝骨关节炎、肩周炎,于2021年8月23日出院,住院23天,于2021年11月2日又到该院住院治疗,于2021年11月16日出院,住院14天,原告于某在该医院由其本人支出住院费4 593.69元、门诊医疗费5 158.5元。原告于某合计住院56天,其本人支出医疗费合计18 131.22元。

事故发生后,原告于某多次与被告卢某协商赔偿事宜,均未达成协议,于是向人民法院提起诉讼,请求依法判令被告卢某赔偿原告于某医疗费18 131.22元、住院伙食补助费5 600元、误工费21 000元、护理费11 462.61元、交通费500元、财产损失费2 800元、鉴定费2 700元,共计62 193.83元。

被告卢某辩称,对交通事故基本事实和责任认定无异议,根据鉴定意见书记载,原告于某的外伤与事故存在间接因果关系,应当由原告于某承担相关费用。

原告于某申请对其伤残等级、误工时间、护理人数及期限、后续治疗费进行司法鉴定。烟台富运司法鉴定中心接受委托后于2021年9月23日出具烟富司鉴[2021]临鉴字第518号司法鉴定意见书,分析说明如下:根据现有的送鉴病历及CT片分析,被鉴定人于某本次车祸伤及头部,伤后感头痛、恶心,后出现四肢活动无力伴麻木,右侧较重,双上、下肢痛觉过敏,四肢肌力下降,诊断为颈椎间盘突出、颈椎管狭窄、颈髓损伤,给予枕颌带牵引、颈部围领固定,应用营养神经药物,针灸治疗。颈椎间盘突出是临床上骨伤科的常见病、多发病。颈椎间盘突出主要是因为颈椎间盘各部分(髓核、纤维环及软骨板)不同程度的退行性改变后,在外界因素的作用下,椎间盘的纤维环破裂之处突出(或脱出)于后方或椎管内,导致相邻的组织受刺激或压迫,从而产生疼痛、放射痛、麻木、肌力减退等一系列临床症状。其病因可为颈椎间盘的退行性改变、外力的作用及椎间盘自身解剖因素的弱点。椎间盘在成人之后逐渐缺乏血液循环,修复能力差,胶原纤维增粗出现裂隙,纤维环化生为纤维软骨,加上钙盐沉积,组织脆性增加,即使在无外力作用的正常应力作用下也会造成纤维环破裂,髓核突出。在颈椎退行性变、颈椎间盘突出的基础上,可以引起继发性的颈椎管狭窄。综上所述,被鉴定人伤后出现颈髓损伤的临床表现,CT示颈椎退行性变、颈椎间盘突出、椎管狭窄,无骨、关节损伤,分析认为此次外伤与其颈椎间盘突出、椎管狭窄、颈髓损伤之间存在间接因果关系(诱发加重因素），故不宜进行伤残评定。鉴定意见为：根据现有的送鉴材料，原告于某此次外伤与其颈椎间盘突出、椎管狭窄、颈髓损伤之间存在间接因果关系（诱发加重因素），故不宜进行伤残评定；伤后误工时间为 6 个月；伤后护理期限为 3 个月，第一次住院期间需 2 人护理，其余时间需 1 人护理；后续治疗费建议参照医疗机构的相关证明或按实际支出费用中的合理部分计算。原告于某因此支出鉴定费 2 700 元。

被告卢某对原告于某的住院时间、过程及医疗费票据的真实性等均无异议，但认为住院病历中记载的原告于某关于治疗高血压、冠心病、心梗支架术后、膝骨关节炎、肩周炎等病症与本次交通事故没有关联性；另外，根据司法鉴定意见，原告于某的外伤与其损伤之间为间接因果关系，同意在该基础上赔偿其医疗费的 30%。

本案为一起交通事故损害赔偿案件。原、被告双方主张的证据及意见分析如下：

原告于某主张住院伙食补助费 5 600 元，共住院 56 天，按每天 100 元计算。被告卢某对原告于某主张的数额无异议，基于与医疗费相同的理由，同意按 30% 赔偿。

原告于某主张误工费 21 000 元，根据司法鉴定意见，原告于某误工时间为 6 个月，原告于某受伤前系济南市某食品单位职工，每月工资 3500 元，6 个月的误工费合计为 21 000 元。原告于某为此提交济南市某食品单位的个体工商户营业执照（载明经营者姓名为王某，经营形式为个人经营，发照日期为 2013 年 1 月 29 日）及该单位于 2021 年 12 月 31 日出具的工资扣发证明（载明如下内容：于某是本单位职工，其因交通事故受伤，自 2021 年 6 月 22 日至 2021 年 12 月 21 日向本单位请假，未出勤，于某每月工资 3 500 元，因其系请事假，根据本单位的相关规定，对其请假期间的工资待遇不予支付）等证据予以证实。被告卢某对原告于某提交的证据有异议，认为，原告于某是退休职工，对其主张的误工费不予认可。原告于某应当提供 2021 年纳税证明及劳动合同、发放工资的银行流水等予以佐证；另，如认定了误工费，基于与医疗费相同的理由，同意赔偿 30%。

原告于某解释称，其原来是铁路职工，于 2019 年在 55 岁时退休，于 2020 年 11 月到济南市某食品单位从事日常管理及财务工作，工资有时候两个月发一次，有时候一个月发一次，工资以现金方式发放，有无工资表不清楚。济南市历城某食品单位什么时间成立的不清楚。被告卢某认为，原告于某陈述的内容与事实有一定差距，因其未提供工资表，故对其主张的误工费不予认可。

原告于某主张护理费 11 462.61 元，根据司法鉴定意见，原告于某的护理时间为 3 个月，住院期间需 2 人护理，其余时间需 1 人护理，住院期间由原告于某的儿子于江某（1981 年出生）的同事张桂某的儿媳妇张某及原告于某的妹夫周某护理，出院后由张某护理，两护理人员均无固定工作及收入，根据 2021 年度山东省城镇居民人均可支配收入 47 066 元除以 365 天乘以 146 天（90+56 天）计算，护理费为 18 826.4 元，当庭变更护理费为 18 826.4 元。原告于某为此提交两护理人员的身份证复印件及户口本复印件等证据予以证实。

被告卢某认为，司法鉴定意见确定原告于某第一次住院期间需要 2 人护理，即原告于某在山东省立医院住院 19 天期间需要 2 人护理，其余时间需要 1 人护理，因此周某的护理时间应为 19 天。基于与医疗费相同的理由，同意按 30% 赔偿。

原告于某主张交通费 500 元，是其住院、出院、复查、鉴定期间支出的交通费用，没有证据提供，请求法院酌情处理。被告卢某认为，原告于某没有提供证据，同意交通费按 100 元计算。

原告于某主张财产损失 2 800 元，提供市中区某电动车经营部于 2021 年 8 月 27 日出具的证明一份（载明如下内容：客户所购买千鹤牌型号车，当时零售价格为贰仟捌佰元整，此车已被撞严重变形，无法修复，主要原因是已无此车配件），证明电动车在该次事故中损坏严重，无法修复。电动车是 2020 年 6 月份购买，购买价值为 3 200 元，没有发票。被告卢某认为，原告于某提交的证明与交通事故没有关联性，出具证明的经营部也不是鉴定车辆损失的权威机构，对该证明不予认可，对其主张的该费用不同意赔偿。

上述事实，有道路交通事故认定书、住院病历、门诊病历、费用明细、票据、证明、营业执照、身份证复印件、常住人口登记卡、司法鉴定意见书、退案说明及双方当事人相一致的陈述等证据予以证实。

法院认定的事实有，原告于某与被告卢某于 2021 年 6 月 21 日发生的交通事故，济南市公安局交通警察支队市中区大队已认定被告卢某承担事故的全部责任，原告于某不承担事故责任，原告于某因本次交通事故造成的损失应由被告卢某予以赔偿。

对原告于某主张的住院伙食补助费 5 600 元，被告卢某无异议，予以认定。

关于原告于某主张的误工费 21 000 元的问题。误工费根据受害人的误工时间和收入状况确定。误工时间根据受害人接受治疗的医疗机构出具的证明确定。受害人因伤致残持续误工的，误工时间可以计算至定残前一天。受害人有固定收入的，误工费按照实际减少的收入计算。受害人无固定收入的，按照其最近三年的平均收入计算；受害人不能举证证明其最近三年的平均收入状况的，可以参照受诉人民法院所在地相同或者相近行业上一年度职工的平均工资计算。本案中，原告于某经烟台富运司法鉴定中心鉴定其误工时间为6个月，予以认定。原告于某虽然已退休，但其退休后仍然有通过自己的合法劳动获取合法报酬的权利。

关于原告于某主张的护理费18 826.4元的问题。护理费根据护理人员的收入状况和护理人数、护理期限确定。护理人员有收入的，参照误工费的规定计算；护理人员没有收入或者雇佣护工的，参照当地护工从事同等级别护理的劳务报酬标准计算。护理人员原则上为一人，但医疗机构或者鉴定机构有明确意见的，可以参照确定护理人员人数。本案中，原告于某经烟台富运司法鉴定中心鉴定其伤后护理期限为3个月，第一次住院期间需2人护理，其余时间需1人护理，法院对此予以认定。因原告于某是于2021年6月24日第一次到山东省立医院住院治疗19天，故根据司法鉴定意见，护理人员周某的护理时间应为19天。因护理人员张某和周某均无固定工作及收入，故原告于某主张按照2021年度山东省城镇居民人均可支配收入47 066元计算护理费，并无不当，因此认定护理人员张某护理90天的护理费为11 605.3元，认定护理人员周某护理19天的护理费为2 450元。综上，认定原告于某的护理费合计为14 055.3元。

关于原告于某主张的交通费500元的问题。交通费根据受害人及其必要的陪护人员因就医或者转院治疗实际发生的费用计算。交通费应当以正式票据为凭；有关凭证应当与就医地点、时间、人数、次数相符合。根据本案的实际情况，结合被告卢某的陈述，酌情确定原告于某的交通费为100元。

关于原告于某主张的财产损失2 800元的问题。原告于某驾驶的电动二轮车在本次事故中损坏的事实清楚，予以认定。因原告于某提交的财产损失的证据不充分，其亦未申请对财产损失进行司法鉴定，为减少当事人的诉累，根据审判实践经验和日常生活经验，酌情确定原告于某的车辆损失为800元。

关于被告卢某主张按照30%的比例承担赔偿责任是否成立的问题。烟台富运司法鉴定中心作出的烟富司鉴[2021]临鉴字第518号司法鉴定意见只是认为原告于某此次外伤与其颈椎间盘突出、椎管狭窄、颈髓损伤之间存在间接因果关系，是诱发加重因素，不宜对评残进行评定，并未确定原告于某的治疗有不合理之处，因此被告卢某主张按照30%的比例承担赔偿责任无事实和法律依据，不予支持。被告卢某应对原告于某因本次交通事故产生的损失承担全部赔偿责任。

参考案例一

2021 年 6 月 24 日,被告杜某驾驶被告杜某某所有的浙 J 某号重型普通货车从天台驶往新昌,15 时 05 分左右行驶至 104 线 1619KM ＋ 100M 于三叉口地方时,与相对方向王某驾驶新昌县某客运有限公司所有的浙 D 某号中型普通客车相撞,造成浙 D 某号客车上原告受伤以及车辆损坏的交通事故。原告受伤后在新昌县人民医院住院治疗 26 天,于 2021 年 7 月 20 日出院。该事故经新昌县公安局交通警察大队认定,被告杜某负事故的全部责任。交通事故给原告造成经济损失如下:医疗费 12 908.11 元、护理费 2 545.14 元(26 天 ×97.89 元／天)、住院伙食补助费 520 元(26 天 ×20 元／天)、交通费 240 元,合计 16 213.25 元。另,浙 J 某号重型普通货车在被告保险公司投保了交强险和商业险,未投保不计免赔险。原告医疗费中存在非医保用药 2 081.94 元。

被告杜某、杜某某答辩称,对交通事故发生的经过以及交警部门对事故的责任认定无异议。浙 J 某号重型普通货车系被告杜某某所有,被告杜某系其雇用驾驶员,相应赔偿责任应由被告杜某某承担。浙 J 某号重型普通货车在被告保险公司投保了交强险和商业第三者责任险,未投保不计免赔险。要求法院依法处理。

被告保险公司答辩称,对事故发生的经过以及相关部门对事故的责任无异议。事故车辆向被告保险公司投保了交强险和商业险 50 万元,但未投保不计免赔险,商业险赔付部分被告保险公司享有 20% 的免赔率。原告主张的医疗费中非医保用药不属被告保险公司赔付范围。原告主张的护理费过高,因原告年龄已超 70 周岁,不应再计算误工费用。

原告为支持其诉请,向法院提供的证据有:

(1)驾驶证、行驶证(复印件),证明被告的主体资格。

(2)保险单(复印件),证明肇事车辆的投保情况。

(3)交通事故责任认定书,证明发生交通事故的经过及责任划分。

(4)新昌县人民医院病历、病程记录、医疗费发票、用药费用清单,证明原告受伤后的治疗过程及化去医疗费的金额。

(5)新昌县人民医院诊断证明书、护理证明,证明原告的误工时间以及护理时间。

(6)交通费发票,证明原告因交通事故花去交通费金额。

被告杜某、杜某某、保险公司均未向法院提供证据。

参考案例二

朱某、刘某系夫妻，农村居民，婚后生育有长女朱一某、次女朱二某，三子朱三某、四子朱四某，除四子朱四某肢体二级残疾未婚随朱某、刘某生活外，其他子女均已婚独立生活。朱四某现从事自行车修理及补鞋业，未经合法程序收养有一女，取名朱小某。

川C×××××号车实际车主为余某，该车挂靠登记在华宇公司。2020年5月31日，被告华宇公司作为被保险人，为川C×××××号车向第三人人保某营业部投保了机动车交通事故责任强制保险和商业保险。强制保险合同载明：保险期间自2020年6月1日零时起至2021年5月31日24时止；死亡伤残赔偿限额为50 000元，医疗费用赔偿限额为8 000元（2021年2月1日后发生保险事故的，死亡伤残赔偿限额提高至110 000元，医疗费用赔偿限额提高至10 000元）；死亡伤残赔偿限额项下负责赔偿丧葬费、死亡补偿费、受害人亲属办理丧葬事宜支出的交通费用、残疾赔偿金、残疾辅助器具费、护理费、康复费、交通费、交通费、被扶养人生活费、住宿费、误工费，被保险人依照法院判决或调解承担的精神损害抚慰金；医疗费用赔偿限额项下负责赔偿医药费、诊疗费、住院费、住院伙食补助费，必要的、合理的后续治疗费、整容费、营养费；交强险不负责赔偿因交通事故产生的仲裁或者诉讼费用以及其他相关费用等条款。商业保险合同载明：保险期间自2020年6月1日零时起至2021年5月31日24时止；所投机动车辆第三者责任险的责任限额为100 000元；保险期间内，被保险人或其允许的合法驾驶人在使用被保险机动车过程中发生意外事故，致使第三者遭受人身伤亡或财产直接损毁，依法应当由被保险人承担的损害赔偿责任，保险人依照保险合同的约定，对于超过机动车交通事故责任强制保险各项赔偿限额以上的部分负责赔偿；保险人不负责赔偿精神损害，仲裁或者诉讼费用以及其他相关费用；所投不计免赔特别约定，保险事故发生后，按照对应投保的险种规定的免赔率计算的，应当由被保险人自动承担的免赔金额部分，保险人负责赔偿。交强险和商业险保险条款均载明：因交通事故致人损害发生的医疗费用需符合道路交通事故受伤人员临床诊疗指南和国家基本医疗保险的标准的规定。

2021年2月10日16时30分许，余某驾驶川C×××××号车从荣县度佳镇行至荣县旭阳镇某村某组路段，与在车右前方同向行走的行人朱某相撞，造成朱某受伤和川 C×××× 号车受损的交通事故。2021 年 2 月 20 日，荣县交警大队作出第 ×××× 号《交通事故认定书》，认定被告余某驾驶机动车行驶时疏忽大意，没有注意观察交通事故情况和做到安全驾驶，是造成事故的直接原因，应负事故全部责任。事故发生后，原告被送往荣县人民医院住院治疗，经诊断为颅底骨折；脑震荡；头皮血肿；左面部皮下血肿；L4 以上椎体向前 I 滑脱伴左下肢瘫痪。2021 年 5 月 19 日，原告伤情好转，与被告余某协商后出院，医嘱继续卧床 2 周，再开始下床活动，近期不宜做弯腰活动；出院后半月内开始门诊随诊；骨折愈合后，如条件允许，可考虑取内固定。朱某受伤医疗期间，住院医疗费用共计 43 239.26 元，已由被告于某与华宇公司垫付 27 500 元，人保某营业部垫付 9 000 元，合计 36 500 元。2021 年 6 月 27 日，荣县人民医院出具门诊病情证明书，诊断及处理意见认为原告 L4 以上椎体向前 I 滑脱伴左下肢瘫痪术后，骨折愈合后取内固定费用大约 3 000 元至 4 000 元。2021 年 6 月 30 日，朱某委托某司法鉴定所对其伤残等级进行鉴定。2021 年 7 月 20 日，自贡某司法鉴定所作出自兴达司鉴所（2021）临鉴字第 94 号《司法鉴定意见书》，认定原告左下肢肌力 II 级，左下肢瘫痪，符合五级伤残；L4 以上椎体向前 I 滑脱，符合十级伤残。据此，原告提出诉讼请求如下：要求被告华宇公司、余某、人保某营业部赔偿医疗费 43 239.26 元、护理费 8 000 元、住院伙食补助费和营养费 2 970 元、误工费 2 240 元、交通费 500 元、鉴定费 606 元、残疾赔偿金 21 985.20 元、残疾自助器具费 5 000 元、被扶养人生活费 30 217 元、精神损害抚慰金 30 000 元、续医费 4 000 元、护工费 150 元、纸尿裤费 1 911 元，共计 150 818.46 元，扣减被告已垫付的医疗费用 36 500 元，还应赔偿 114 318.46 元。

诉讼中，第三被告对原告医疗费用 43 239.26 元进行审核，核定不符合基本医疗保险范围的费用为 11 856.13 元。2021 年 10 月 22 日，第三被告预交鉴定费 1 200 元，申请对原告医疗费用 43 239.26 元中不属于基本医疗保险范围的医疗费用进行鉴定。2021 年 11 月 3 日，依法委托某司法鉴定所，根据基本医疗保险的规定，对原告住院医疗费用进行鉴定。2021 年 11 月 4 日，某司法鉴定所作出自兴达司鉴所（2021）临鉴字第 158 号《鉴定意见书》，确定原告医疗费用有 5 622.08 元不属于基本医疗保险范围。

根据最高人民法院《关于审理人身损害赔偿案件若干问题的解释》的规定，朱某因交通事故伤残的损失有：（1）医疗费 43 239.26 元；（2）误工费 7 920.87 元（从原告受伤日计算至定残日前一天共 4 个月零 20 天，按某省统计公布的 2020 年

度农业行业平均工资 19 321 元 / 年计算）；（3）护理费 3 545 元（原告住院 99 天 +
出院医嘱休息 2 周共 113 天，确定 1 人护理，按当地护工工资 30 元 / 天计为 3 390
元；原告住院期间照片、CT 等检查需 2 人抬护，支出护工费 155 元，共计 3 545
元）；（4）住院伙食补助费 990 元（住院 99 天 ×10 元 / 天）；（5）交通费 500 元
（根据原告受伤医疗、处理事故及鉴定情况酌定）；（6）残疾赔偿金 21 991.40 元；
（7）残疾辅助器具费 1 280 元（根据原告年龄、伤残程度，参照辅助器具配制机构
的意见确定）；（8）精神损害抚慰金 15 000 元（根据原告伤残等级、被告过错程度
及当地生活水平确定）；（9）其他合理费用 1 911 元（根据原告受伤住院，卧床不
起，生活不能自理的实际情况，其使用部分纸尿裤是必要和合理的）；（10）鉴定
费 606 元（含门诊照片费 106 元）；以上共计 96 983.53 元。

被告华宇公司、余某辩称：川 C×××××号车系余某所有，挂靠登记在华
宇公司名下。2018 年 2 月 10 日，余某驾驶川 C×××××号车发生交通事故，致
原告受伤，华宇公司和余某应承担损害赔偿责任。原告受伤医疗期间，被告已为原
告垫付了住院医疗费用 27 500 元。川 C×××××号车向人保某营业部投保有机
动车交通事故责任强制保险和商业保险，请依法确定华宇公司、余某的民事赔偿责
任，由人保某营业部在保险责任限额内直接向原告支付保险赔偿金。

第三被告辩称：川 C×××××号车向第三人投保了机动车交通事故责任强
制保险和商业保险，第三被告与川 C×××××号车登记所有人成立保险合同关
系。因此，因被保险机动车发生交通事故给原告造成的损害，第三被告可以先在交
强险死亡伤残赔偿限额和医疗费用赔偿限额内负责赔偿，超出交强险限额部分，在
商业三责险限额内，依商业保险合同的约定承担赔偿责任。另外，第三被告按照国
家基本医疗保险的标准核定原告医疗费用中有 11 856.13 元不属于保险赔付范围，
该部分费用及本案诉讼费不应由第三被告承担。

第十五章 相邻关系纠纷案件的模拟实训

【本章学习目标】

知识目标

掌握相邻关系纠纷案件的审理策略，完成该类案件证据的调查与收集，对此类案件的证据进行质证。

能力目标

能够作为此类案件中任意一个角色，完成诉讼任务。

素质目标

掌握此类案件的特点，树立权利意识及尊重他人权利意识。

本章实训任务

正确确定案件案由，结合相邻纠纷案件的特点，作为审判人员根据双方当事人的诉求确定案件争议的焦点，完成对双方证据的审核和判断，正确裁判；作为当事人根据案情确定具体诉讼请求及答辩意见，全面提供证据，并进行质证，最终实现诉讼目的。根据参考案例完成案件的整个模拟审判流程。

基本知识指引

相邻关系纠纷案件是指两个以上相互毗邻的不动产所有人或使用人在行使不动产的占有、使用、收益和处分权时发生的纠纷。

一、当事人诉讼主体资格的审查

所有权人可以直接成为相邻关系案件的当事人。

使用权人是否可以作为原告应区别对待：（1）使用权人取得使用权前已产生的相邻妨碍，原则上使用权人不能作为原告起诉，但使用权人能够证明自己事前不知道的除外。（2）使用权人取得使用权后产生的相邻妨碍，使用权人可以作为原告起诉，如果相邻妨碍是经所有权人同意，使用权人面临侵权之债和合同之债的竞合，使用权人可以选择诉权。

在使用权人作为原、被告后，所有权人是否是必要的共同诉讼参与人，应区别对待：（1）在作为相邻权利人主张权利救济的诉讼中，应征求所有权人的意见，如果使用权人诉请停止侵害、消除危险、排除妨碍、恢复原状的，所有权人可以不作为共同诉讼参与人参加诉讼，如果使用权人诉请赔偿或补偿，应视所有权人的意见决定其是否作为诉讼参与人。（2）在作为相邻义务人被诉承担民事责任的案件，所有权人均应作为必要的共同诉讼人。

相邻一方的不动产利用行为侵害的是小区业主的共同相邻权益，小区业主可以采用诉讼代表人的方式提起相邻关系诉讼。

二、当事人应提供的证据和举证责任分配

1. 证明当事人身份情况的证据

（1）公民：居民身份证；户口簿；其他。

（2）个体工商户：户主的户口簿、居民身份证、其他；工商登记证书；营业执照；工商字号。

2. 证明法人或其他组织情况的证据

法人登记证书；营业执照；法定代表人姓名及其他组织负责人姓名、职务。

3. 证明相邻关系纠纷原因的证据

（1）流水、用水、排水、通风、日照、铺设管线等：纠纷时间；纠纷地点；纠纷原因；后果。

（2）排放污水：纠纷时间；纠纷地点；污水所含物质名称；影响程度。

（3）危害：因危害引起纠纷的时间；因危害引起纠纷的地点；危害物质名称；危害影响程度；危害造成的后果。

（4）危险：因危险引起纠纷的时间；因危险引起纠纷的地点；危险性质；危险面积、间距。

（5）采光：影响他方采光的时间；影响他方采光的地点；影响他方采光建筑物名；影响他方采光的高度、面积、间距；影响他方采光的范围、程度；影响他方采

光造成的后果。

（6）音响、震动：音响或震动的种类、引起纠纷的时间；引起纠纷的地点；影响程度；造成的后果。

（7）邻地、通道、道路、渡口、桥梁、堤坝：因使用邻地、通道、渡口、桥梁、堤坝引起纠纷的时间；因使用邻地、通道、渡口、桥梁、堤坝引起纠纷的地点；因使用邻地、通道、渡口、桥梁、堤坝引起纠纷的原因；因使用邻地、通道、渡口、桥梁、堤坝影响的范围程度；因使用邻地、通道、渡口、桥梁、堤坝造成的后果。

4. 请求人民法院判令相邻义务人承担相邻民事责任的一方当事人，一般应当举证证明

（1）双方之间存在不动产相邻关系。

（2）相邻义务人实施了妨碍不动产所有权延伸权益的行为。

（3）该扩张行为具备违反《中华人民共和国民法典》相邻关系的法律规定，对相邻权利人利用不动产造成妨碍或妨害的事实。

（4）相邻权利人主张的具体民事责任承担方式符合法律规定。

5. 否认承担相邻民事责任的一方当事人，应举证证明根据法律的抗辩事由，即相邻权利人主张的相邻侵权请求权未产生、受阻碍或已消灭的事实。

针对相邻关系纠纷的真实情况都需要法官到争议的现场实地勘验才能查明案情，法官在审理相邻纠纷案件时，应首先确定当事人的请求权性质，然后逐项审查相邻权利人的诉讼请求是否符合相邻请求权的构成要件，并在庭审中要求当事人围绕这些要件进行举证。必要时就有关要件事实的证明内容、举证责任分担及证明不能的后果等事项依法予以释明。

三、案件的主要争议焦点

1. 相邻权利人的相邻权是否有受到损害的事实及损害程度。

2. 相邻权利人的诉讼请求是否合理及要求赔偿的数额如何确定。

四、法律关系的性质和效力认定

1. 相邻关系在性质上属于所有权的范畴，但不是一种独立的物权，而是所有权的限制和延伸。

2. 审理相邻关系案件时，应注意与其他权利的区分，主要是地役权、建筑物区

分所有权、环境权等。

3.相邻关系与其他法律关系的调整

（1）违章建筑不构成相邻妨碍，相邻方要求拆除的，不予支持。

（2）一方改变房屋使用性质和房屋结构的行为，如果对相邻方造成相邻妨碍，相邻方可以主张排除妨碍，恢复房屋原状；但其主张恢复房屋使用性质，不属于民事相邻关系的调整范围。

（3）一方的行为经过行政许可，但对相邻方构成相邻妨碍，可告知其先进行行政诉讼，否则不予受理或驳回起诉。

五、案件相关事实的认定

此类案件的事实应主要把握以下几点：

（1）相邻义务人存在违法性的加害行为，行为发生的时间、地点、起因、过程、结果。

（2）相邻权利人的相邻不动产权益受损害的范围与程度，主要是是否造成损害、损害的范围与程度、恢复原状所需费用等。

（3）加害行为与损害结果之间有因果关系。

（4）相邻义务人有无过错，主要是认定相邻义务人侵权时是故意、过失还是不可抗力。

六、法院审理中应当注意的问题

为妥善处理好相邻纠纷案件，化解当事人矛盾，维护社会稳定，在审理过程中，应当做好以下三个方面的工作：

1.注重实地勘验、注重判决的合理性和可操作性

法官需注重实地勘察，相邻纠纷发生后，法官尽可能地到现场进行实地勘察，并走访相邻的其他群众，以及相关的土管部门和房管部门，在此基础上才有利于查明案件事实和纠纷发生的原因。在保证判决的公正性和合法性的基础上，审判人员要主动听取乡镇司法所、村委的处理意见，为判决的实际执行奠定基础。

2.重视调解

相邻关系纠纷发生在邻里、熟人甚至亲人之间，有调解的基础，如果能够调解成功，可以彻底地解决纠纷。为此，审判人员在审理相邻关系纠纷时，应重视调解的作用。加大调解力度，尤其是庭前调解，尽量避免开庭审理，双方对簿公堂，激

化矛盾。审判人员要在庭前耐心向当事人做好法律法规的解释工作，动之以情，晓之以法，让当事人相信法律，相信审判人员，通过法律途径妥善解决相邻纠纷，避免矛盾冲突上升为暴力事件。此外，还可以动员村委会或在当地群众中有较高威信的人等出面帮助做调解工作，当事人对他们比较熟悉和信任，他们对现场及争议标的历史比较了解，更容易说服当事人达成解决纠纷的协议。此外还要注重案外纠纷的解决。许多当事人由于其他纠纷的缘由而不让对方当事人通过或通行，因此，审判人员要从纠纷的源头上着手，大力提倡以人为本、以和为贵、远亲不如近邻的观念，协助解决其他纠纷，从而解决相邻纠纷，促使双方化干戈为玉帛。

3.强化办案效率，加快办案速度

相邻关系纠纷案件是典型的"案件易结、纠纷难解"案件，审理案件费时费力。为防止矛盾进一步扩大，减少民事案件转为刑事案件的发生率，稳定邻里乡邻关系，尽量适用简易程序，尽可能缩短审理期限，有些案件还可以就地审理，在调解无效时，法院应依法及时公正判决，解决相邻纠纷。

案例指引

原告陈某起诉称：原告住某市大田街道景莲家园8幢2单元401室，被告住某市大田街道景莲家园8幢1单元401室，双方系相邻关系。2021年5月，原告在房产证已标明的自家卧室外墙上安装了一台空调外机，但被告在9月3日私自拆除了原告的空调外机，并丢弃在自家家门口，致使原告家里不能正常供暖。被告在拆除原告空调当天私自将阳台改建为封闭阳台，占用到原告卧室外墙面，影响到原告的采光、通风及安全性。原告于2021年9月24日向信访局反映被告的恶意行为，后城市行政执法局答复要求被告自行改正，被告也已知悉却不执行。根据原、被告持有的《房屋使用说明书》，空调外机放置处未标明所有权归属，被告私自改造空调外机放置处为自家阳台一部分的行为，已经影响到原告卧室的隐私及安全。现原告起诉要求依法判令被告排除妨碍，恢复空调外机放置处原状；依法判令被告赔偿因其私自拆除空调导致原告花费的维修费，重新安装费共计500元整；本案诉讼费由被告承担。

被告李某答辩称：根据原告提供的房产证显示景莲家园8幢2单元401室房屋所有权人系陈某与李某两人，现原告陈某以自己的名义单独起诉与法律规定的共同所有权人主张权利是相互矛盾的，其诉讼主体不符，本案应以陈某、李某两人名义起诉。原告诉称与客观事实不符，被告搭建自家阳台，没有占用原告卧室外墙的使用权，也没有影响原告的通风、采光，更没有影响原告的安全使用状况。被告在其露台上搭建附属设施也是被告维护自身合法权益的正当要求。被告拆除原告空调外机是因为原告侵犯被告的合法权益，且在小区物业多次与原告交涉无果情况下所实施的正当行为，没有造成原告的任何经济损失，原告主张空调损失没有依据。

从原、被告房屋平面图及现场看，原、被告住宅南面的每个卧室均建造有对应的设备平台，用于搁置空调外机，被告搭建的封闭阳台囊括了被告房屋的南面阳台及空调外机放置平台。

本案为一起相邻关系纠纷。原告为支持自己的主张，可提交下列证据：

（1）住宅使用说明书1份，拟证明原告卧室对应的外墙属于原告所有的事实。

（2）买卖合同1份、房屋所有权证1份，拟证明原告系某市大田街道景莲家园8幢2单元401室业主的事实。

（3）信访事项答复意见书1份（复印件），拟证明原告已经向某市行政执法局反映过被告的行为，并且行政执法局是认可原告方的诉请以及被告的行为已经影响了原告通风和采光的事实。

（4）收款收据1张（某物资有限公司出具的原告空调重新安装需要花费500元，该收据只是一个证明，并没有实际发生），拟证明原告重新安装空调花费500元的事实。

（5）照片1组，拟证明被告阳台搭建之前以及阳台目前的状况、被告将空调放在自家门口的事实。

（6）平面图1张（从9幢户主处拍摄），拟证明空调放置处并不属于被告所有的事实。

上述证据，被告的质证意见为：对原告提供的证据1的真实性、合法性没有异议，对待证事实有异议，理由是景莲家园8幢4屋的平面图无法反映出原告卧室对应的外墙使用权归原告所有，因此对原告的待证事实有异议；对证据2中的买卖合同的真实性、合法性没有异议，但对待证事实有异议，该房屋买卖合同第17条明确规定楼层外墙是归整个楼层业主共同所有；对证据2中的房屋所有权证的"三性"均没有异议；对证据3的"三性"均有异议，该证据系复印件；对证据4有异议，原告也承认该笔费用没有实际支付，是虚构的费用，而且该发票不是正式发票，因此该收款收据不应作为本案的证据使用；对证据5的"三性"均有异议，该照片没有具体的拍摄时间以及现状状况，对实际情况应实地调查后为妥当；对证据6有异议，无法证明原告的待证事实。

根据原、被告的举证、质证，人民法院对上述证据综合认证如下：被告对证据2中的房屋所有权证没有异议，人民法院经核实，对其证明力予以确认；被告对证据1以及证据2中的买卖合同的真实性没有异议，人民法院对其真实性予以确认，人民法院对原、被告所在楼宇的外墙面使用权归该楼宇买受人共有的事实予以确认；原告提供的证据3系复印件，无法判断真伪，故人民法院在本案中不作认证；待证的原先空调安装的位置以及目前的状况没有异议，故人民法院对证据3的证明力予以确认；原告提供的证据4上注明的花费与实际情况不符，且该证据也不符合证明的形式，故人民法院对证据所待证的事实的证明力不予确认；证据5的照片与现场状况相一致，人民法院对其真实性予以确认；证据6系景莲家园9幢四层平面图，原告无法证明9幢房屋结构与原、被告所在的8幢房屋结构相似，对证据6所待证的事实的证明力不予确认。

综合上述证据，根据《中华人民共和国民法典》第288条的规定："不动产的相邻各方，应当按照有利生产、方便生活、团结互助、公平合理的精神，正确处理截水、排水、通行、通风、采光等方面的相邻关系。"本案中，被告在与原告房屋相邻的设备平台上方搭建封闭阳台，将该幢楼宇业主共有的外墙面改为专有，且被告所搭建的封闭阳台贴近原告窗户，给原告的采光、通风、安全等带来了一定的影响。故对原告要求排除妨碍，恢复空调外机放置处原状的诉讼请求，人民法院予以支持。原、被告房屋相邻，双方的房屋均有摆放空调外机的设备平台。设备阳台本身就是供空调外机等设备搁置，其设计及建造亦通过相关部门的规划与审批，故空调外机等应放置在各自的设备平台内。原告陈某其所有的房屋有专门预留的空调设备位置可供选择的情况下，未充分考虑相邻李某的利益，擅自将空调外机安装在被告的设备平台上方，且放置的空调外机与被告房屋的阳台、卧室窗户距离颇近，外机产生的噪声及排气等对被告的生活造成一定影响，侵犯了被告的利益。被告为维护自身利益拆除原告的空调外机，并无不当，且原告也未举证证据其空调外机已损坏需维修。对原告要求被告赔偿空调维修费、重新安装费的诉讼请求，人民法院不予支持。被告李某主张涉案的景莲家园8幢2单元401室房屋系原告与其妻李某共有，应由原告与其妻共同提起诉讼，因本案系相邻权纠纷，不属于必要共同诉讼，当相邻权利人的权利遭受侵害时，其既可以单独行使，也可以共同行使，故对被告的该项主张，不予采纳。

参考案例一

原告刘某建诉称，2006年7月10日买受王某产业，本楼房为混合结构，一至三层，建筑面积为141.99平方米。东：本墙邻共梯，西：本墙邻弄，南：本墙邻浦，北：本墙邻路，梯与王某共有。楼房前大约6×8米空埕地。2006年7月18日，该楼房经发证机关某县建设局认证，取得了该房屋的《房屋所有权》侯房权证H字第某号。被告未经原告同意，私自修建围墙，强占共有楼梯和楼房前6×8米空埕地。2021年8月10日左右，被告王某在原告不知情的情况下，私自在空埕地上修建围墙，严重影响了原告的正常出行，致使原告无法使用该楼道楼梯，无法进入原告楼房的二层、三层，并且严重影响了原告楼房的采光、通风与通行，造成原告全家无法正常地生产生活。原告曾多次出面与被告协商，被告均不理会，因而向人民法院提出如下诉讼请求：（1）被告立即停止侵害，排除妨碍，拆除被告单方加砌的位于闽侯县一至三层的衔接于东邻共梯墙沿北方向新砌的三堵墙，恢复原样。（2）本案的诉讼费用由被告承担。

被告王某辩称，原、被告是外甥与娘舅关系，平常间被告将原告以父子般看待。1988年8月间被告建有一座三层楼混合结构房屋，约有300平方米，有某县人民政府另发集体土地建设用地使用证。2006年4月原告做生意急需用款，需要房屋产权证向银行贷款，因原告所买受被告部分房屋未建有楼梯，房屋产权证无法审批。原告使用欺骗手段让被告在做房屋产权证手续上签字，致使空埕和楼梯间共有，因原告和被告是外甥和娘舅关系，被告待原告亲如儿子一般，所以也不追究，但是当时口头约定以后如遇到纠纷应无条件归还空埕和楼梯间。2019年原告已在本村建有新房一座，原有买受被告的房屋出租他人使用，因被告单身一人在家，原告出租房屋人生活无规律，使被告不堪其扰，多次和原告协商将空埕和楼梯归还，原告均不理，被告无奈才将楼梯和空埕收回。综上，请求驳回原告诉讼请求。

原告刘某建为支持其主张，向法庭提供以下证据：（1）刘某建身份证，证明原告的主体资格；（2）《房屋所有权证》（侯房权证H字第某号），证明原告房屋所有权及房屋结构及坐落地；（3）现有房屋照片，证明原告被侵害的现状。

被告王某提交了如下证据：（1）证人证言；（2）集体土地建设用地使用证。以上证据共同证明楼梯和土地空埕没有卖给原告。

参考案例二

原告王某与被告金某家现系前后邻居，2021年被告金某修建现有住房时原告王某阻碍被告施工，被告金某（甲方）为顺利施工与原告王某（乙方）于2021年10月16日签订《协议书》，该协议约定：（1）甲方责任。①甲方住宅后护坡及护坡以上场地的开挖（开挖后的场地归乙方所有），开挖标准暂定，以甲方护坡西角点起，向北约10米处。如有变化可根据现场情况再定，西至大庵上下老路止（包括老路上下连接修补）。场地开挖如遇大石头（指山崖）可放弃，由乙方负责处理。场地开挖标准要求由乙方现定。如发生因开挖（塌陷等）造成的一切后果均由乙方负责。该护坡产权归甲方所有，护坡收顶处除10厘米基础线外，向外至集体全归乙方所有。②原乙方毛石基础（金某宅后）东侧南北直线向东7米止范围内，归乙方所有（原是甲方开荒拾边田）。③甲方西南角上下路修补在最低处提高50厘米，上下顺延至老路连接。甲方楼房西山墙并没有上下路留70厘米作为绿化带，以后不准栽任何树木，以妨碍道车辆及人员通行。④金某楼房东宅东头外小墙止向东3米作官路（原有树木由甲方负责清理掉，以后任何人不得再栽仲任何树木及其他植物）。⑤甲方屋后2.1米向北（从墙向北2.1米）所有土地使用权归乙方王某所有。乙方使用此块时，甲方不得以任何理由和借口阻碍或干扰乙方使用此地块（包含举报）。（2）乙方责任。乙方在甲方开挖基础及建房期间应积极配合，并提供方便，不得以任何理由和借口阻碍或干扰施工（包含举报）。（3）违约责任。在施工进行过程中，本着诚实守信的原则，一旦双方签字生效，任何一方反悔需交5万元现金作为违约金支付对方。对方无力支付现金的，以其他等价财产作为赔偿或补偿。

原、被告签订合同后被告支付原告场地开挖费由原告自行开挖位于被告屋后面的山坡，被告家屋西山头上下路留有绿化带，现被告在其中种有树木等，金某楼房东宅东头外墙向东3米种有树木，该树木并非被告种植，被告西山头西至大庵路上下至老路止的护坡修路已修好。

原告王某向人民法院提出诉讼请求：（1）判决被告给付违约金5万元；（2）诉讼费由被告承担。

被告金某辩称：（1）被告没有违约，原告的起诉不属实。①原告称原协议约定被告护坡西北角起点起，向北10米止，开挖场地，实际3米至4米与约定不符，事实上，被告家后院起地面被告没有占有，并与当日给付原告17 500元，其中

14 000 元是处理屋后石头、樱桃树等，还有 3 500 元是宅子后场地开挖工钱，当时约定以后任何事与被告无关。因此，实际距离与约定不符，与被告无关。②原告称西至大庵老路止不是被告补修而是大队补修。被告认为协议中没有约定谁补修，事实上该道路正是被告补修的。③原告称被告未按约定在西边绿化带内不得种树木，事实上被告没有在绿化带种任何树木。绿化带中没有任何种植的树木，里面的草林均是自然生长的草木，并且该草木对原告没有任何影响，因此不存在违约的情况。④原告称金某宅东头 3 米作为官路，被告没有将原树木清掉。被告认为该约定属于无效约定，首先该处属于金某家所有，相关树木属于金某家。当时被告之所以签定该协议是因为原告阻挠被告家盖房施工，不得已才签字。该约定无效。⑤原告称被告屋后 2.1 米向北所有土地归原告所有而实际距离 2.3 米，被告违约。实际上被告家后面是大坡，挖坡建设必须底下大于上面，呈梯形才牢固，并且在施工时地下的范围是可控的，上面的距离是不可挖的。因此双方约定的 2.1 米应当以坡底计算。被告在施工时，底部留的距离不止 2.1 米，不属违约。（2）原告主张违约金没有实际损失，不应得到支持。（3）原、被告家相邻，互相之间应当有一定的相互容忍义务，被告行为没有给原告带来不便，没有任何违约行为。请求驳回原告诉讼请求。

原告王某提交证据如下：（1）2021 年 10 月 16 日协议书一份，证明原被告所签订的协议内容中被告违约的事实；（2）照片 5 张，证明在协议条款中被告违约的相关事实。照片 1 证明甲方护坡西北角点起向北约 10 米处止，而实际向北只有 3 米至 4 米，与约定不符。照片 2 证明西至大庵老路止，该路应由被告负责修补，目前的路是由大队修补的。照片 3 甲方楼房西山头上下路留 70 厘米作为绿化带，以后不准栽任何树木，而被告栽了葡萄、杏树、竹子。照片 4 金某楼房东头外小墙止向东 3 米作为官路，原有树木由甲方负责清理掉，以后任何人不准再栽种任何树木及其他植物。照片 5 甲方屋后 2.1 米向北所有的土地使用权归乙方王某所有，而被告屋后实际占用 2.3 米；（3）2007 年 1 月 1 日原告与白果树村合作经济组织签订的承包合同一份，证明承包到期后原告长期承包；（4）连云港市某人民法院某号民事判决书，证明原告对所承包的 8 棵柿树有经营管理权等。

被告金某举证如下：（1）2021 年 10 月 16 日原告出具的收据一份，证明该日原告共收到被告现金 17 500 元，其中该款 14 000 元是处理屋后的石头、樱桃树等，还有 3 500 元是在被告宅子后场地继续开挖的工钱，当时约定屋后场地任何事情与被告无关。该收条也证明原告在被告家建房期间多次阻挠，被告在不得已的情况下才给付钱款和签订双方协议；（2）照片 2 张，针对原告所诉的第一条理由，该照片证明屋后空地情况，并且该空地上施工费用已经由被告给付原告，原告承诺该空地与被告无关；（3）照片1张，针对原告所诉的第二条理由，证明西至大庵路上下至老路止的护坡修路情况，该路是由被告所修；（4）照片2张，原告所诉的第三条理由，证明该绿化带中的草木是自然生长的并且对原告的通行没有障碍；（5）照片6张，原告所诉的第四条理由，证明金某家与被告家的方位，其中该照片中第三张照片证明金某家与被告家的具体距离，其余照片均证明金某家东属于金某所有，原、被告无权处分；（6）照片2张，原告所诉的第五条理由，证明屋后向北的护坡距离应当以底部距离计算，实际距离不少于2.1米，与协议内容一致；（7）土地证，证明被告的土地是合法使用。

第十六章　劳动争议案件的模拟实训

【本章学习目标】

知识目标

掌握劳动争议案件的审理策略，完成该类案件证据的调查与收集，能对此类案件的证据进行质证。

能力目标

掌握此类案件的审理流程，能够作为此类案件中任意一个角色，完成诉讼任务。

素质目标

理解此类案件的含义，树立权利意识。

本章实训任务

正确确定案件案由，掌握劳动争议案件的特点。根据案情确定具体诉讼请求及答辩意见，全面提供证据，并进行质证。根据双方当事人的诉求确定案件审理范围，明确争议的焦点，完成对双方证据的审核和判断，正确裁判。根据参考案例完成案件的整个模拟审判流程。

基本知识指引

一、劳动争议案件概述

劳动争议是指劳动关系的当事人之间因执行劳动法律、法规和履行劳动合同而发生的纠纷，即劳动者与所在单位之间因劳动关系中的权利义务而发生的纠纷。根据争议涉及的权利义务的具体内容，劳动争议主要包括以下几类：（1）因确认劳动关系发生的争议；（2）因订立、履行、变更、解除和终止劳动合同发生的争议；（3）因除名、辞退和辞职、离职发生的争议；（4）因工作时间、休息休假、社会保险、福利、培训以及劳动保护发生的争议；（5）因劳动报酬、工伤医疗费、经济补偿或者赔偿金等发生的争议；（6）法律、法规规定的其他劳动争议。

因劳动争议而提起诉讼的案件，即为劳动争议案件。此类案件的主要特点是：

（1）向劳动争议仲裁委员会申请仲裁是必经程序。按照《中华人民共和国劳动法》的规定，解决劳动争议的渠道是"协商—调解—仲裁—诉讼"，其中协商和调解不是必经程序，只有当事人同意的才进行，但仲裁是诉讼的必经程序，当事人对仲裁裁决不服的，才可以自收到仲裁裁决书之日起15日内向人民法院提起诉讼。

（2）诉讼请求琐碎，案件大多为判决结案。劳动争议案件中，当事人提出的诉讼请求往往较多，具体内容较为琐碎，与当事人切身利益息息相关。由于此类案件政策性强，影响大，举证困难，争点复杂，时间长，给案件调解带来难度。同时案件双方矛盾较大，人数众多，因此基本为判决结案。

（3）案件的诉讼费用一律10元，按件收费，与诉讼标的额无关，且追索劳动报酬的案件，可不预交诉讼费用。

劳动争议案件由用人单位所在地或者劳动合同履行地的基层人民法院管辖。劳动合同履行地不明确的，由用人单位所在地的基层人民法院管辖。当事人双方就同一仲裁裁决分别向有管辖权的人民法院起诉的，后受理的人民法院应当将案件移送给先受理的人民法院。

二、人民法院对案件的审查

（一）确定案件当事人

在劳动争议案件中，发生争议的双方为劳动者和用人单位。一般情况下，向人民法院提起诉讼的一方为案件的原告，另一方为被告。但是因为向仲裁机构申请仲裁是案件的必经程序，而对仲裁结果，双方均有可能不认可，因此会出现双方均起诉的可能。出现这种情况，人民法院应当并案审理，双方当事人互为原告和被告。在诉讼过程中，一方当事人撤诉的，人民法院应当根据另一方当事人的诉讼请求继续审理。

（二）确定案由

按照《最高人民法院民事案件案由规定》，劳动争议的案件包括劳动争议和人事争议两个并列的案由，劳动争议案由下又细分为劳动合同纠纷、社会保险纠纷、福利待遇纠纷三个三级案由，前两个三级案由下又有四级案由。人事争议案由下具体包括聘用合同纠纷、聘任合同纠纷、辞职纠纷、辞退纠纷四个三级案由。

（三）对案件事实的审查

人民法院应针对当事人提出的诉讼请求，依据双方提供以及人民法院调查收集的证据，查明双方是否存在劳动合同关系；用人单位有无为劳动者办理缴纳社会保险登记，是否符合相关法律规定；有无拖欠劳动者工资；劳动合同是否履行、应不应当解除；工伤能否认定等案件事实。

三、证据的调查与收集

在劳动争议案件中，原则上适用"谁主张，谁举证"的一般举证责任原则，但是，因用人单位作出开除、除名、辞退、解除劳动合同、减少劳动报酬、计算劳动者工作年限等决定而发生劳动争议的，由用人单位负举证责任。与争议事项有关的证据属于用人单位掌握管理的，用人单位应当提供，用人单位不提供的，应当承担不利后果。

诉讼中，当事人一般应提供如下证据：

（1）证明双方诉讼主体资格的材料，如身份证、户口簿、营业执照等。属集体争议的，需推荐 3 ~ 5 名员工代表，并提交员工代表名单以及全体员工签名表。其中属欠薪的员工集体争议案件，还需提交用人单位拖欠员工工资的人员名单和拖欠金额表。

（2）仲裁机构作出的仲裁裁决。

（3）劳动者与用人单位存在劳动关系的证明材料，如劳动合同、暂住证、工作证、厂牌、工卡、工资表、入职登记表、押金收据以及被处罚凭证和被开除、除名、辞退、解除 (或终止) 劳动关系通知或证明书等。

（4）支持具体诉讼请求的证据，劳动者方面如劳动合同、加班单、工伤证明、病假条、年终奖、年休假证明等，用人单位方面可提供规章制度、岗位职责、培训服务协议、竞业限制协议等。

四、人民法院的判决

近些年，劳动争议案件逐渐呈现出数量大、涉及当事人多的特点，且劳动关系双方以利益冲突为主，矛盾较为尖锐，涉及法律关系非常复杂，稍有不慎，就会引发群体性上访等不稳定事件发生，因此人民法院应依法慎重审理劳动争议案件。人民法院还应注重此类案件的调解，讲究调解的方式方法。当然，对于调解不成的，还应及时判决。人民法院审理该类案件主要依据的法律有《中华人民共和国劳动法》《中华人民共和国劳动合同法》《最高人民法院关于审理劳动争议案件适用法律问题的解释（一）》。

案例指引

林某于 2017 年 3 月 1 日到某学校上班，每学年寒暑假共 3 个月。2017 年 7 月 3 日双方签订《某学校外聘教师协议书》，合同期限自 2017 年 7 月 3 日至 2018 年 7 月。2018 年 9 月 3 日，双方签订《劳动合同》，合同期限自 2018 年 7 月 7 日至 2019 年 6 月 30 日。2019 年 7 月 1 日起，双方未再签订其他劳动合同，某学校未再支付林某寒暑假工资。某学校提供的《某市地方税务局社会保险参保缴费情况证明（个人）》体现，某学校为林某办理了 2018 年 1 月至 2019 年 7 月的社会保险手续。

2020 年 10 月，某学校颁布编外教职工管理实施办法（2020）43 号，对编外教职工均实行全日制用工方式，即合同制编外教职工必须与受学校委托的人才派遣公司依法签订《劳动合同》，实行岗位管理，明确相关权利、义务及违反聘用合同所应承担的责任。合同制编外教师工资由基本工资、超课时津贴、考核奖等组成，教师的学历及工作年限不同，工资不一样，如本科学历、初级职称、技师在校工作 5~10 年基本工资 1 800 元／月，超课时津贴 55 元／节，考核奖 0~300 元。寒暑假期间未安排工作的，按基本工资发放；有安排工作的，按基本工资加上相应工作日的加班费发放，加班费标准按学校的规定确定。合同制编外教职工受聘期间享受国家规定的各项社会保险和住房公积金待遇，社会保险费及住房公积金由学校和合同制编外教职工本人按国家有关政策规定比例分别承担，其中个人承担的费用在其每月工资中代扣代缴。……本办法自 2020 年 10 月 1 日起执行。2020 年 10 月 26 日，林某与案外人某市对外服务中心签订《劳动合同》，双方约定林某同意由案外人某市对外服务中心派遣到某学校工作，合同期限自 2020 年 10 月 1 日至 2024 年 7 月 31 日止，实行标准工时工作制。现卢某在寒暑假期间领取的基本工资为 1 800 元／月。

2021 年 9 月 9 日，林某向区劳动人事争议仲裁委员会申请仲裁，要求：（1）确认自林某入职时起至 2020 年 9 月止，双方存在劳动关系；（2）某学校为林某补交自其入职以来至 2020 年 9 月期间的社会保险费；（3）某学校支付林某被拖欠的寒暑假工资。2021 年 11 月 4 日，区劳动人事争议仲裁委员会作出仲裁裁决书，裁决：（1）确认林某与某学校自 2019 年 7 月 1 日至 2020 年 9 月 30 日存在劳动关系；（2）裁决生效之日起 15 日内，某学校应当依法为林某向社会保险经办机构申请办理社会保险登记，双方当事人应依法向社会保险费征收机构缴纳社会保险费；（3）裁决生效之日起 7 日内，某学校补发林某部分年份的寒暑假工资 4 050 元。双方均不服该裁决，分别向人民法院提起诉讼。其中，林某的请求为：（1）确认林某与某学校存在劳动关系；（2）某学校为林某缴纳 2017 年 3 月 1 日至 2020 年 9 月社会保险合计 72 000 元；（3）某学校向林某支付所拖欠每年寒暑假工资 30 000 元（2019 年 7 月至今），总计 102 000 元。某学校的请求为：某学校无须为林某向社会保险经办机构申请办理社会保险登记并向社会保险费征收机构缴纳社会保险费，无须支付林某寒暑假工资。

本案为一起劳动争议，林某与某学校互为案件的原告和被告。涉及的争议主要分为三项：一是双方是否存在劳动关系；二是社会保险费用应否由某学校补缴；三是某学校应否支付林某寒暑假工资，支付标准是什么。

林某应提供的支持诉讼请求的证据有：（1）区劳动人事争议仲裁委员会的仲裁裁决；（2）某学校外聘教师协议书；（3）林某与某学校签订的《劳动合同》；（4）2019 年 7 月至 2020 年 9 月的银行工资流水；（5）与某市对外服务中心签订的《劳动合同》；（6）编外教职工管理实施办法（2020）43 号。证据 1 可以证明双方的争议已经经过仲裁机构裁决，可以提起诉讼；证据 2 与证据 3 证明双方的劳动关系自 2017 年开始；证据 4 证明 2019 年 7 月至 2020 年 9 月，双方存在劳动关系，且某学校未支付其寒暑假工资；证据 5 与证据 6 证明林某是按照某学校规定，接受劳务派遣到学校工作，学校应按编外教职工管理实施办法办理保险并补缴保险费用、支付寒暑假工资。

某学校可提出如下质证意见：证据 6 是自 2020 年 10 月开始实行的，林某主张的是 2020 年 9 月以前的费用，不应该按此标准。

某学校应提交的证据有：（1）区劳动人事争议仲裁委员会的仲裁裁决；（2）某市地方税务局社会保险参保缴费情况证明（个人）；（3）某学校临聘教师留用意向表，表明 2018 年 9 月 1 日，林某在选择课时制的任课方式中选择"愿意"；2019 年 1 月 21 日，在课时制的留用意向表中林某选择"同意留任"；（4）编外教职工管理实施办法（2020）43 号。证据 1 证明双方争议已经经过仲裁机构裁决，某学校对仲裁裁决不予认可。证据 2 证明某学校已为林某办理了 2018 年 1 月至 2019 年 7 月的社会保险手续。证据 3 证明某学校进行临聘教师合作方式改革，部分教师选择合同制合作方式即无论上课多少每月报酬均固定，部分教师选择课时制即按课时多少计算劳动报酬，有课则计算报酬，无课则无须支付报酬。林某自愿选择课时制的计薪方式。在寒暑假无课情况下，依据林某自己选择的合作方式，某学校无需支付其寒暑假工资。证据 4 证明其生效时间是 2020 年 10 月 1 日。

林某可从以下几方面质证：证据 2 只能证明某学校为自己办理过社会保险登记，不能证明其一直为自己缴纳保险费用。证据 3 只是证明上课期间林某的报酬计算方式，并没有提及寒暑假。

人民法院可以认定的事实有：（1）双方自 2017 年 3 月 1 日至 2020 年 9 月 30 日存在劳动关系。（2）某学校于 2018 年 1 月至 2019 年 7 月为林某办理了社会保险手续。劳动者以用人单位未为其办理社会保险待遇为由，要求用人单位赔偿损失而发生争议的，人民法院才应予受理。因欠缴补缴社会保险而发生的争议不属于劳动争议。故林某要求补缴社会保险费的诉讼请求不属于人民法院的受理范围，林某可向行政主管部门提起申诉。（3）关于寒暑假工资问题。林某作为教师，无论是否选择课时制的任课方式，其均依法享有寒暑假期带薪休假的权利。因此，林某即使选择课时制的任课方式，在寒暑假期间没有上课，某学校仍应支付卢某寒暑假期的工资。某学校未提供证据证明双方解除劳动关系前寒暑假工资的金额，依法承担举证不能的法律后果。林某主张按照某学校编外教职工管理实施办法（2020）43 号文件规定的基本工资计算解除劳动关系前的寒暑假工资，法院应予认可。根据上述文件规定，林某的基本工资为 1 800 元 / 月。故认定某学校应当支付林某 2019 年 7 月 1 日至 2020 年 9 月 30 日的寒暑假工资为 1 800 元 / 月 × 11 个月 = 19 800 元。

参考案例一

某公司于 2013 年 4 月 2 日在某市工商行政管理局登记成立。贺某系某公司点心部主管。卢某于 2019 年 2 月 1 日入职某公司点心部工作，月工资为 1 800 元，工资以现金方式发放。但因某公司经营效益不好，于 2019 年 4 月 6 日解散中厨部、点心部。卢某工作期间，某公司未与卢某签订书面劳动合同，也未为卢某缴纳社保。

某公司于 2019 年 4 月 16 日出具的抬头为"点心部：（承包人：贺某）"的对账单内容为："2019 年 2 月未支付工资 41 872 元、3 月工资未支付 31 945 元。4 月工资未支付 5 333 元。合计：79 150 元。"贺某亦于 2019 年 4 月 17 日在该对账单上签名确认。此外，贺某于 2019 年 4 月 30 日签名确认的点心部拖欠工资明细显示，某公司共拖欠点心部包括卢某在内的 10 名人员的工资合计 79 150 元，其中拖欠卢某 2019 年 2 月工资 2 160 元、3 月工资 1 800 元、4 月工资 300 元。

卢某等向区劳动保障监察大队投诉，该队于 2019 年 4 月 17 日作出《劳动保障监察责令改正决定书》，认定某公司存在以下问题：拖欠中厨部员工工资 160 298 元、点心部 10 名员工工资 79 150 元；并责令某公司在 2019 年 4 月 23 日前足额支付上述拖欠工资，并将改正情况以书面形式报该队，拒不履行该决定书将处以相应 2 000 元以上至 20 000 元以下的罚款。

因某公司仍未支付拖欠工资，卢某于 2019 年 5 月 15 日向区劳动人事争议仲裁委员会提起仲裁。2019 年 5 月 22 日，该委作出《案件逾期告知书》，告知卢某由于该委案件量大而尚未受理，卢某可向人民法院起诉。卢某遂向人民法院起诉，其诉讼请求为：（1）确认双方自 2019 年 2 月 1 日至 2019 年 4 月 6 日期间存在劳动关系；（2）某公司为卢某补缴 2019 年 2 月 1 日至 2019 年 4 月 6 日期间的各项社会保险费；（3）某公司给付卢某未签订书面劳动合同的 2 倍工资差额 2 100 元（2019 年 3 月 1 日至 2019 年 4 月 6 日，计 1 个月 5 天）；（4）某公司给付卢某尚拖欠的工资 4 260 元及其 100% 的加付赔偿金 4 260 元；（5）某公司给付卢某违法解除劳动关系赔偿金 1 800 元（1 800 元 / 月 × 半个月 × 2 倍）；（6）某公司承担本案的诉讼费用。

某公司则主张其与贺某存在承包关系、卢某系贺某自行招录人员、卢某与某公司不存在劳动关系。

参考案例二

何某于 2016 年 10 月 24 日入职某公司任工程物业经理。双方于 2016 年 10 月 24 日签订劳动合同，为期五年，约定何某正常工作时间的工资为 6 150 元 / 月，另根据业绩考核情况、加班情况以及所在公司及部门主要经营计划指标完成情况计发个人奖金。而劳动报酬的确定以何某技术水平、熟练程度、贡献大小，以及工作地点、工作岗位为依据，公司有权根据何某技术水平、熟练程度、贡献大小及工作地点、工作岗位的变化进行调整。何某同意其工作地点包括公司的住所地、公司投资的企业所在地或投资企业项目所在地，亦同意服从公司根据工作需要对其进行工作岗位、工作地点以及相应工资标准的调整。

因何某入职后未能达到公司规章制度的工作要求，公司对其进行了降薪，公司于 2021 年 3 月 11 日通过内部办公软件通知何某于 2021 年 3 月 12 日到广州进行专项培训，并在完成培训考核后重新分配岗位，而何某未参加该培训。2021 年 3 月 14 日，公司再次短信通知何某 2021 年 3 月 18 日前返岗上班，否则将按擅自离职处理，但何某未返岗上班。2021 年 3 月 19 日，公司以何某违反公司管理规定为由解除双方的劳动关系。何某不服，向市劳动人事争议仲裁委员会申请仲裁，仲裁请求为：（1）请求公司支付扣除的工资 11 500 元（2018 年 11 月至 2021 年 3 月，每月扣 2 300 元，2 300 元 ×5 个月 =11 500 元）；（2）请求支付何某经济赔偿金：73 605 元（平均月工资 14 721 元 / 月 ×2.5 月 ×2 倍 =73 605 元）；（3）请求支付何某加班工资 37 636 元；（4）请求支付何某 2021 年 2 月 14 天工资 6 900 元（13 800 元 / 月 ÷2=6 900 元），3 月 7 天工资 4 600 元（13 800 元 / 月 ÷21 天当月工资天数 ×7=4 600 元）。仲裁委于 2021 年 7 月 15 日作出裁决：（1）公司向申请人何某支付 2021 年 2 月的工资差额 336.46 元；（2）驳回申请人何某的其他仲裁请求。何某不服该仲裁裁决，向人民法院提起诉讼，诉讼请求同仲裁请求。

附录一

民事诉讼实训方案及成绩考核

民事诉讼实训课程是三年制高职法律事务专业在民事诉讼法学基础上的实训专业课程。指导教师通过启发、诱导等方式，引导学生思考和研究，促使学生独立分析研究和判断，突出学生的主体性、自主性、互动性、实践性。

其教学任务和目标是：通过对具体案例进行分项和系统操作，以民事诉讼起诉应诉、审前准备、开庭审理、评议宣判为线索，诉讼程序设计、民事实体法和民事诉讼证据规则适用为内容，进行民事诉讼法和民事实体法实践课。帮助学生不仅了解法律在司法活动中的适用过程，也锻炼学生对法律条文的实际运用和操作能力，正确运用法言法语表达能力、思辨能力、逻辑思维能力等，使学生树立责任、公平、正义的作为法律人的道德行为准则，具备作为法律人的基本素质。

一、实训方案

第一阶段：教学动员、学生分组

教师首先向学生传达实训课的重要意义、学分规定、整体任务以及实训纪律。然后根据班级具体人数划分若干大组，每组设组长一人。学生分组应改变传统地以宿舍为单位的分组方法，最好每组包含成绩上、中、下三类学生，有男有女。之后再根据具体实训任务决定每组是否再分小组。如分小组，每个大组应划分为原告组（包括原告及其诉讼代理人，和与原告所举证据相关的其他诉讼参与人）、被告组（包括被告及其诉讼代理人，和与被告所举证据相关的其他诉讼参与人）、审判组（包括合议庭成员、书记员以及其他人员）三个小组。

第二阶段：发布任务、分组完成

根据教材中确定的实训任务，学生完成分项模拟部分的实训。

第三阶段：选定案例、模拟开庭

案例可由教师布置，也可由学生自选。结合第二阶段任务的完成过程，学生分角色完成一审、二审的整个流程，包括起诉（上诉）、应诉、委托代理人、调查收集证据、审理前的准备、开庭审理、合议宣判等。既要学会撰写各类文书，又要掌握参与庭审的技能，每名同学均有具体任务。开庭审理时，其他同学可作为旁听人员观摩庭审，也可模拟进行庭审记录，锻炼综合归纳能力以及打字、写字速度。

第四阶段：教师总结、装订案卷

教师对每组模拟开庭的情况进行点评，也可由学生就庭审观摩内容进行反馈，教师整体总结。每组对模拟开庭形成的各种诉讼文书，装订案卷的正卷。装订案卷要严格按照标准进行，装订好的案卷全班传阅，同时可留作教学资料。

二、成绩考核

案件处理过程以及结果不设标准答案；学生成绩考核结果由学生与教师共同监督评定，全班公开。考核依据分为出勤情况、完成组长安排的实习任务情况以及庭审表现三个方面（见表1）。

表1　考核分值分配表

考核依据	所占分值	打分标准
出勤	10	根据学生实际出勤、有无迟到、早退情况打分
完成任务情况	40	小组长可根据本组每位同学表现打分，也可组织本组同学互评，最后形成每名同学成绩，不管哪种方式，成绩必须有差距，并且在本组公开
庭审表现	50	教师根据庭审中每名同学表现打分

附录二

相关法律法规

本教材所附法律法规包括《中华人民共和国民事诉讼法》《最高人民法院关于适用中华人民共和国民事诉讼法的解释》《最高人民法院关于民事诉讼证据规则的若干规定》《最高人民法院关于人民法院案件案号的若干规定》《诉讼费用交纳办法》《民事案件案由规定》《人民法院法槌使用规定》《人民法院民事裁判文书制作规范》《人民法院诉讼文书立卷归档办法》。具体内容见右侧二维码。